稻盛和夫
经营实录 第5卷

企业家精神

[日] 稻盛和夫 著　京瓷株式会社 编　叶瑜 译　曹岫云 审校

リーダーのあるべき姿

图书在版编目（CIP）数据

企业家精神/（日）稻盛和夫著；京瓷株式会社编；叶瑜译. —北京：机械工业出版社，2018.3（2024.4 重印）

（稻盛和夫经营实录）

ISBN 978-7-111-59184-9

I. 企… II. ①稻… ②京… ③叶… III. 企业家－企业精神－研究－日本－现代 IV. F279.313

中国版本图书馆CIP数据核字（2018）第028266号

北京市版权局著作权合同登记　图字：01-2018-0183号。

INAMORI KAZUO KEIEI KOEN SENSHU (5) LEADER NO ARUBEKI SUGATA
By KAZUO INAMORI
Copyright © 2016 KAZUO INAMORI
Simplified Chinese Translation Copyright © 2018 by China Machine Press.
Simplified Chinese translation rights arranged with Diamond, Inc. through Bardon-Chinese Media Agency. This edition is authorized for sale in the Chinese mainland (excluding Hong Kong SAR, Macao SAR and Taiwan).

No part of this book may be reproduced or transmitted in any form or by any means, electronic or mechanical, including photocopying, recording or any information storage and retrieval system, without permission, in writing, from the publisher.

All rights reserved.

本书中文简体字版由Diamond, Inc.通过Bardon-Chinese Media Agency授权机械工业出版社在中国大陆地区（不包括香港、澳门特别行政区及台湾地区）销售。未经出版者书面许可，不得以任何方式抄袭、复制或节录本书中的任何部分。

企业家精神

出版发行：机械工业出版社（北京市西城区百万庄大街22号　邮政编码：100037）
责任编辑：岳晓月
责任校对：殷　虹
印　　刷：三河市宏达印刷有限公司
版　　次：2024年4月第1版第9次印刷
开　　本：130mm×185mm　1/32
印　　张：11.75
书　　号：ISBN 978-7-111-59184-9
定　　价：79.00元

客服电话：(010) 88361066　68326294

版权所有·侵权必究
封底无防伪标均为盗版

持续追问经营者心性的 21 世纪

"当领导者只考虑自己时,组织便开始溃败。只有时刻把组织放在心上、不惜自我牺牲的人才能当好领导者。"

謙虚にして驕らず

稲盛和夫

推荐序

一灯照隅 万灯照世

判断基准是哲学核心

从 2005 年开始,我花了大约一年时间,写了《稻盛和夫成功方程式》这本书。为此,我认真阅读了当时可以找到的稻盛先生所有的著作和讲演。承蒙稻盛先生亲自推荐,这本书还用日文在日本出版并畅销。

从 2009 年开始,我又翻译和编译了稻盛先生的《活法》《干法》等 21 部著作。可以说,我对稻盛先生的思想和语言已经相当熟悉了。尽管如此,在翻译(和审译)"稻盛和夫经营实录"系列著作的时候,我仍然常常情不自禁地拍案叫绝,感动不已。我想,这是因为书中跃动着的活的灵魂触及了我的心弦。

稻盛先生是企业家中的哲学家。他心中总是持有两种互相对立的思想,并随时都能正常地发挥两者各自的功能。这就是哲学和哲学家的魅力。

"稻盛和夫经营实录"系列从20世纪70年代开始,跨越了40余年,包括《赌在技术开发上》《利他的经营哲学》《企业成长战略》《卓越企业的经营手法》《企业家精神》《企业经营的真谛》共6本书,涉及经营和人生的方方面面,内容非常丰富。

内容虽然丰富,但是稻盛哲学的核心可以浓缩为一句话,"判断事物的基准是:作为人,何谓正确"。换一种说法就是,把善恶而不是得失作为判断和行动的基准。

这一哲学贯穿在该系列55篇讲演的每一篇中,让每一篇都成为经典,使人读之如沐春风。

"一言兴邦",破产重建的日航,就因为32 000名员工学习、掌握并实践了这一哲学,仅仅1年便起死回生,经营业绩连续6年在全世界航空业遥遥领先。在实现全体员工物质和精神两方面幸福的同时,日航对客户、对社会做出了贡献。

可以设想,如果全世界的人都实践"作为人,何谓正确"这一哲学,那么人类将会升华,人类社会将会进入更高阶段的文明。

MBA 的缺陷

1982年,通过选拔考试,我被国家经济贸易委员会派往日本东京的生产性本部学习企业诊断。学习内容主要是科学管理的分析技术和技法,基本上就是 MBA 的那一套,比如对作业人员的工作乃至动作进行细致的分析测定,对生产工序进行观察分析,对设备运转率进行测定分析,对产品和市场进行细分以及对企业的收益性、成长性、安全性等进行财务分析,等等。

在计划经济时代,中国企业都是全民所有制或集体所有制,用的是所谓传统的管理方法。当时适逢改革开放之初,随着市场竞争机制的导入,对于这一套生产管理、质量管理、目标管理、精益管理等的技术技法,大家觉得很新鲜。后来如雨后春笋般，各种商学院都教这些课程，大同小异。

但是，这一整套从西方，主要是从美国引进的科学的分析技法有一个缺陷。依靠这些分析技法，并不能分析出企业家为什么要办企业，企业的根本目的是什么，也分析不出企业家应有的人生观、价值观乃至企业家的人格，更分析不出企业员工的意识状况，而这些对于企业经营至关重要。现在我们的企业里发生的各种问题，乃至许多闻名世界的大企业发生的舞弊丑闻，其根本原因就在这里。这不是什么科学或科学水平高低的问题，而是有没有正确的企业哲学的问题。

特别在2008年，发端于美国的金融风暴席卷全球。这场危机的本质是贪得无厌的资本主义的暴走狂奔。资本主义的精英们使用现代最尖端的金融技术，靠所谓虚拟经济，以钱生钱，追求自身利益的最大化，结果造成了世界性的经济混乱和萧条。

自由竞争的市场原理、股东利益的最大化以及绩效主义，一方面搞活了经济，促进了社会的发展；另一方面，刺激了人的欲望，造成了严重的贫富差异，制造了社会动荡的根源。高度膨胀的利己主义、拜金主义在破坏人心的同时，也破坏了环境。在企业里，过度的绩效考核往往把人和人之间的关系变成了赤裸裸的、庸俗的金钱关系。

传统文化的局限

在以西方为代表的资本主义文明出现严重危机的时候，有人就想从东方文化，特别是从中国传统文化的儒释道中寻找出路，于是出现了"国学热"，现在方兴未艾。

中国几千年悠久的历史孕育了灿烂的文化，其中蕴含着巨大的智慧。特别是在正确的为人之道、致良知等方面，我们的古圣先贤有非常精辟的见解。这些教诲对于校正浮躁喧嚣的现实社会，具有深远的意义。

同时，在几千年封建皇帝的独裁统治下，我们的经济非常落后。在原始的、自给自足的自然经济条件下，我们没有也不可能产生现代意义上的企业这种组织形式，缺乏科学、民主和创新的元素。当然，我们也没有企业管理方面的科学，没有企业经营的哲学和实学，更没有经营十二条、会计七条、阿米巴经营，但这些是我们的企业家最需要的东西。另外，用难懂的文言文来教育企业的员工，改变他们的意识，事实上有很大困难。

稻盛哲学是集古今一切优秀文化之大成，应用于现代企业经营取得卓越成功的典范，是现代商业社会的儒释道。它把"作为人，何谓正确"，也就是把"是非善恶"作为判断一切事物的基准，在追求全体员工物质和精神两方面的幸福的同时，为人类社会的进步发展做出贡献。另外，稻盛说的都是大白话，简单朴实，易于为普通员工理解和接受。

卓越的社会实验

京瓷、KDDI以及日航共计约13万名员工，已经在某种程度上实现了全体员工物质和精神两方面的幸福，并通过技术、服务、税金以及他们成功的哲学实践，对人类社会做出了巨大贡献。

这是伟大的社会实验。几千年来,古今中外先贤圣人描绘的理想社会,在稻盛那里变成了现实,这是前无古人的。星星之火,可以燎原。如果我们从稻盛哲学和它的实践中获得启示,并把我们与生俱来的良知发扬光大,我们就可以成为一个个"小稻盛",就能把自己的企业做得更好,让员工更幸福,对社会多做贡献。

"一灯照隅是国宝",一个行业中只要出现一家实践稻盛哲学和实学的成功典范,就可能改变整个行业的风气。"一灯照隅,万灯照世",如果有一万家企业实践良知经营并获得成功,就能改变整个商业文明的走向——从利己的文明走向利他的文明。

如果不改变人类这个利己主义的文明的走向,人类将没有未来!

稻盛和夫(北京)管理顾问有限公司董事长曹岫云
2017 年 5 月 10 日

前　言
领导者应有的姿态——写在出版之际

2015年，有领导者参与的丑闻在多个领域曝光。在企业界，德国汽车巨头大众汽车为了规避美国汽车尾气排放规定，长年有组织地从事舞弊行为，而今遭到曝光，在受到社会各界严厉谴责的同时，前CEO马丁·温特科恩也引咎辞职。在体育界，世界最大的竞技团体国际足联也接连曝出丑闻，足联主席布拉特因涉嫌贪污而被吊销资格，8年内不得从事足球赛事活动。上述每一件丑闻的发生，其组织的最高领导者都难辞其咎。考虑到这些组织对社会的深远影响，我深深地感到，必须再次从根本上对引领众人的领导者应有的姿态提出要求。

这些领导者原本对组织的发展立下过很大功劳，集众人的信任、威望于一身，才华横溢。但长期身居高位使他们松懈、变质。同时，大权在握的领导者如果缺乏伦理观，其道德缺陷就会如野火燎原一般不断蔓延，不久便会侵蚀整个组织。在这样的集团之中，违反社会道德规范的行为无法得到有效遏制。因此，领导者必须时刻告诫自己"要谦虚，不要骄傲"，不断认真思考领导者应有的姿态。

本书收录了我在21世纪初以"探究领导者资质"为主要内容的演讲稿。在这些演讲稿中，基于自己的切身体验及前人的智慧，我从不同角度论述了身为组织领导者所应有的姿态和思维方式。

企业是社会公器，而掌握企业命运的领导者有义务更有责任遵循人间正道，把好企业经营的方向盘，同时自身要养成足以担当这一职责的高尚人格。如果本书能令那些有志于诚实经营的经营者回归原点，我将感到不胜荣幸。

本书展现的是，我身为一名企业经营者，在超过半个世纪的经营当中不懈迈进的足迹。企业经营绝非坦途，而是险峻的陡坡。尽管如此，我仍然咬紧牙关、奋勇向前，直至今日，从未停下脚步。我之所以能做到这一点，无非是因为经营企业的目的是"为了实现全体员工物质和精神两方面的幸福，为了促进人类社会的进步发展"，也就是实现利他的心愿。如此而已。

本书的目的也一样。尽管本书收录的都是我根据当时的情况有感而发的讲话，但如能被有志于诚心经营的经营者或组织领导者所读，我将倍感荣幸。我衷心期望诸位读了本书后将经营做得有声有色，让更多的人得到幸福，同时使社会变得更加美好。

稻盛和夫

2016 年 4 月

目　录

推荐序

前言

对未来领导者的期望 / 1

九州大学商学院第一届结业纪念研讨会演讲
　　——2005 年 3 月 15 日

　给未来的领导者 / 2
　领导者人格稳固的重要性 / 3
　人类历史就是领导者的历史 / 7
　为了率领集团 / 11
　谁都能懂的思维方式和人生方程式 / 14
　混乱的思维方式使人生变得灰暗 / 18
　"思维方式"到底追求的是什么 / 22
　领导者必须具备崇高的思想境界 / 29

一个"自力"与两个"他力" / 41
纽约盛和塾塾长例会演讲——2006 年 11 月 26 日

  你具备经营者的实力吗 / 42
  即将开展的业务在商业上是否成立 / 42
  经营者应践行的"经营十二条" / 45
  支持企业的合作伙伴及全体员工形成的"他力" / 52
  构筑心心相连、坚不可破的信赖关系 / 55
  赢得全体员工的信赖与协助 / 59
  让宇宙、自然之力成为好帮手 / 60
  佛教中的因果法则 / 61
  常怀感谢之心 / 65
  以理性抑制烦恼 / 67

如何让企业持续发展 / 79
平和堂创业 50 周年特别纪念演讲——2007 年 2 月 13 日

  有限的企业"寿命" / 80
  "打江山易,守江山难" / 83
  团队领导者应有的资质 / 88
  领导者的 10 项职责 / 92
  让基层员工也产生经营者意识 / 99
  不忘创业精神 / 105

经营的三个要诀 / 115

盛和塾全国发起人会议塾长讲话——2008年4月9日

 学习"经营要诀"的意义 / 116

 经营要诀一:让员工迷恋社长 / 119

 经营要诀二:仔细查看月销售额及费用 / 124

 经营要诀三:共有哲学 / 129

 坚持以谦虚的态度实践三个要诀 / 130

 把"经营要诀"传播给更多的经营者 / 134

以德为本的经营 / 141

中日经营者交流论坛演讲——2007年7月5日

 孙中山的"王道"与"霸道" / 142

 企业经营唯有德治 / 144

 赢得顾客的尊敬与爱戴 / 146

 经营取决于领导者的器量 / 147

 让理念每天得到提高 / 148

 松下幸之助与本田宗一郎 / 150

 实践圣贤的教导 / 152

 每天刻苦钻研,保持高尚的人格 / 154

 心中有一把判断的标尺 / 156

 人生的目的是什么 / 159

苦难是磨炼灵魂的考验 / 160
　　成功与幸运也是考验 / 163
　　以德为本的经营，成就"和谐企业" / 166

企业伦理与领导力 / 175
凯斯西储大学演讲——2002年10月18日

　　时代对领导者资质提出更严格的要求 / 176
　　过度的物质激励导致经营者堕落 / 178
　　选拔领导者最关键的要素 / 180
　　人格是后天磨砺而成的 / 187
　　"不撒谎""做人要正直"等简单道理的
　　　内在含义 / 190
　　福泽谕吉所描述的理想的商业领袖形象 / 192

领导者应有的姿态 / 199
GEF小组学习交流会上的演讲——2007年10月20日

　　经营者必须具备的三要素：愿景、使命和人格 / 200
　　企业发展的原动力 / 202
　　全体员工共有的使命 / 204
　　坚信愿景、使命的重要性与KDDI的成功 / 209
　　不能满足于崇高的愿景和使命 / 214

描述经营者应有思维方式的"京瓷哲学" / 221
在工作、人生及企业经营中"脚踏实地，
　坚持不懈" / 222
为踏实的努力提速的"钻研创新" / 224
以心为本的透明经营 / 228
假如没有经营哲学 / 230

向西乡隆盛学习领导者应有的姿态 / 239
库里提巴盛和塾塾长例会讲话——2007年10月21日

我所尊敬的故乡伟人 / 240
会客室中的"敬天爱人" / 241
《南洲翁遗训》中的"领导者应有的姿态" / 248
领导者需大公无私 / 253
珍惜同甘苦、共患难的人 / 256
要谦虚不要骄傲 / 262
为社会为世人尽力 / 266
踏正道，推至诚 / 268
坚定志向　毫不动摇 / 275

我们应该追求的商人道 / 285
第11届盛和塾全国大会第一天演讲——2003年8月22日

社会充斥着对企业经营者的偏见 / 286

经营是一种"利他行为" / 292
挥之不去的"以不合理的高价谋取暴利" / 296
贯彻"商也乃仁" / 299
只要追求"义","利"便自然滚滚而来 / 304
"自利利他"的经营判断将带领企业走向成功 / 306
关爱体贴之心给经营者带来强大的力量 / 308

塑造人生的"命运"与"因果报应法则" / 315
第九届盛和塾大会第一天演讲——2001年9月4日

塑造人生的"命运"与"因果报应法则" / 316
"因果报应法则"甚至能改变命运 / 319
即使结果没有很快出现,也要相信
"因果报应法则"的正确 / 323
如何处理眼前发生的事 / 329
任何时代都应该记住"骄傲的平家不长久" / 331
经营者必须极度认真地对待人生 / 335
为何善有善报 / 337
人生的目的是"提高心性" / 341

注:本选集收录、采编了稻盛和夫1970~2010年的大量演讲内容。
虽有部分重复或已不适合于当今时代,但为了尊重其时代背景,
保留演讲的临场感,对这些内容进行了原样保留。

对未来领导者的期望

九州大学商学院第一届结业纪念研讨会演讲
——2005 年 3 月 15 日

九州大学商学院成立的目的是在九州本地培养出国际商业专家。在商学院举办的第一届 MBA 毕业生纪念研讨会上，稻盛以《对未来领导者的期望》为题发表讲话，阐述了领导者必须具备的资质和思维方式。

给未来的领导者

九州大学商学院是九州成立的首家商业学校。数日前,院方邀请我在商学院首届学员毕业典礼上发表讲话。

时间已过了半个世纪。回想当年,我的年龄不过20岁出头,胸怀凌云壮志,离开了九州这片土地。我想,"或许我的讲话能给大家提供一点参考",因此接受了邀请,站在这个讲台上。

今天,我想以"对下一代领导者的期望"为题,对在场的未来领导者发表讲话。你们像我当年一样,怀着无限美好的人生梦想,有志于在将来雇用许多员工,从事企业经营,进而背负日本的未来。同时,今天还有一些已经活跃在社会各界的领导人参加会议,如果我的讲话能为大家提供些许参考,我将倍感荣幸。

领导者人格稳固的重要性

我与美国屈指可数的智囊机构美国战略与国际研究中心（CSIS）关系较为紧密。本月23日，我将与CSIS共同在京都举办国际研讨会，主题是"政治中的新国际主义：21世纪联合国改革"，会议邀请了CSIS的约翰·哈姆雷所长与国际支援机构的绪方贞子理事长发表演讲。

我与CSIS建立紧密关系始于CSIS副董事长、原北大西洋公约组织大使德比特M.阿布夏在阅读了美国翻译出版的拙作《新日本 新经营》后，对其中的"领导者资质"之说表示赞赏。

阿布夏先生大为感慨，他说："没有一个时代像当下一样，全世界都在追究领导者的资质问题。此时此刻，正好读到您的书，我深受启发。我正打算在华盛顿举办一个名为'领导力、创造力、价值观'的研讨会，您是否能为我提供一些帮助？"他向我提出邀请。对他的想法我也深表赞同，于是在1999年，我与他在华盛顿共同举办了会议。许多美国政经界的知名人士受邀出席了会议，并在会上进行了热烈讨论。

当时，令我深受触动的是会议一开始阿布夏先生的演讲，他说道："乔治·华盛顿之所以成为第一任美国总统，最大的原因就是他是一位拥有崇高品格的人。"

美国是通过斗争的手段从英国统治下独立建国的。在世界各殖民地当中，像美国这样独立后国家发展顺利的例子几乎不存在。看非洲各国，几乎每个国家刚摆脱宗主国的桎梏，便立刻陷入独裁统治，或没日没夜的内乱，使得好不容易独立的国家陷入极度混乱，四分五裂。唯有美利坚合众国在独立后取得了令人惊羡的发展，原因如下：在美国独立之初，合众国议会赋予了总统极大权限,这是因为第一任总统华盛顿是一个品格高尚的人。如果他有重大的人格缺陷,议会自然不可能把关系国家命运和安危的重大权限交给他。

阿布夏先生举了华盛顿的例子,归根结底是在阐明"领导者最关键的要素是他所具备的人格。"

我也在这次研讨会的午餐会上以"人格的重要性"为题发表了演讲。演讲的主要内容是:再高尚的人格也会随着时间的流逝而变质。因此,必须选拔人格稳固、不会轻易变节的人担任领导者。如果选出的领导者一登上权力宝座就傲慢不逊,那么他领导的集团必将遭到不幸。

接着,我举了一个形成坚固稳定人格的事例,那就是内村鉴三所著的《代表性的日本人》中提到的二宫尊德。二宫尊德虽然只是一介农夫,却以不亚于任何人的努力耕种农田,重建了一个又一个荒废的村庄，不久他被幕府起用。而且，当他第一次进殿觐见时，其举手投足的气度不逊色于任何一位贵族。二宫尊德通过辛勤劳动，塑造了自己坚固而不可动摇的人格。我借用他的故事，讲述了"领导者需具备稳固人格"的必要性。

当时，阿布夏先生认为华盛顿的会议十分精彩，提出下一次是否可以在日本举办同样的会议，我欣然同意。我也深深地感到："在日本，真正的领导者越来越稀少，尤其是政界，这一趋势格外明显。包括首相在内，日本几乎没有真正的领导者，这种状况必须打破。"于是我接受了阿布夏先生的提议。

因此，2001 年，我们以"当下需求的领导力"为题，在东京举办了日美领导力大会。以中曾根康弘前首相为首，作家堺屋太一先生、律师中坊公平先生、畅销书《大国的兴衰》的作者保罗·肯尼迪先生、美国财政部前秘书长马尔福德先生等日美赫赫有名的人士出席了大会，围绕着领导力展开了颇具意义的讨论。

当时，在会议一开始的致辞中，我首先从"国以一人兴，以一人亡"这句中国的古语谈起，阐述了领导人和领导力的重要性，这是我一贯的主张。也就是说，国家可以因为一个领导人而兴旺，也可以因为一个领导人而灭亡。由此可见，领导人有多么重要。

人类历史就是领导者的历史

人类历史就是领导者的历史，这么说也不为过。企业经营也与此没有丝毫不同。事实上，企业往往因为一个领导者而发展壮大，但同样，也会因为一个领导者而从成功的巅峰跌入凄惨的谷底，类似的事例近年来屡见不鲜。

为什么会出现这种现象？我想，只要思考一下领导者所需要的资质，一切便不言自明。

那么，什么是领导者所需的资质？精通中国古典文化的安冈正笃先生用"知识""见识"和"胆识"这"三识"来表达。

首先，工作必须拥有必要的"知识"，这是理所当然的。但仅仅拥有"知识"，并不代表能够承担领导者的职务。安冈先生提出，领导者必须具备"见识"。"见识"并不是指单纯的知识，而是把知识升华到"必须这样做""我想成为这样"等坚定信念的高度。

再有，由于领导者必须站在组织的最前沿引领整个集团，因此必须具备统帅能力——那就是豪迈的勇气、决断力和执行力等特质。假如领导者不具备这些特质，就无法统领由众多成员组成的集团。安冈先生将这些特质统称为"胆识"。

无论有多么高明的见识,无论有多么坚定的信念,如果缺少将见识和信念付诸行动的胆力,就不能引领集团前进。领导者应当努力在"见识"的基础上加上胆力,使自己具备"胆识"。

我还认为,领导者在这些资质之上,还需要加上阿布夏先生强调的乔治·华盛顿身上具有的那种"人格",这一点也十分重要。同时我认为,这种领导者的资质是超越时代新旧、超越大洋东西的普遍性的真理。

中国明朝的吕新吾在其著作《呻吟语》中曾论及领导者所需的资质,他把领导者的资质分为三种:深沉厚重是第一等资质,磊落豪雄是第二等资质,聪明才辩是第三等资质。

我们往往起用那些拥有才能——具有战略思维,身怀一技之长,巧言善辩的所谓"聪明才辩"者为领导人。例如，政府往往将那些通过国家公务员一级考试、千挑万选出来的"秀才"提拔为行政领导。然而，按照吕新吾的说法，这种聪明善辩的才能只不过是第三等资质。

这样的能力对于担任一介官吏或许是必要且充分的资质，但若谈到领导整个集团，仅有这种聪明才智是不够的。就像前面所说的，一个集团的领导者必须具备在任何形势下都能带领集团走向正确方向的勇气。

然而，仅有勇气还不足以成为真正的领导者。正像吕新吾所说的"磊落豪雄是第二等资质"，具备胆量和勇气，对于领导者而言，不过是第二等资质。

领导者的资质中最重要的，是正如吕新吾所说"深沉厚重是第一等资质"。领导者不能肤浅浮夸，而是要具备深思熟虑、值得众人信赖的厚重性格。一言以蔽之，领导者必须是人格高尚的人。

换言之，吕新吾的意思是领导者应当能力、勇气和人格三者兼具，但如果要按轻重排序，排第一位的是"人格"，第二位的是"勇气"，第三位才是"能力"。

为了率领集团

我认为，在具备如上资质的基础上，为了更好地领导集团，领导者还需要制定愿景和目标。"我们的公司、部门要向着这个目标前进"——必须制定明确的愿景，制定高目标。

同时，目标愿景必须建立在使命的基础上。这就是说，公司或部门必须明确"使命"。如果只是为了提升业绩，那么只需要设定目标就够了；如果企业的目标是组织的永续发展，就必须要求领导者绞尽脑汁思考"达成目标的目的是什么"。

达成目标对公司、社会、国家,进而对人类到底具有何种意义?领导者必须不断刨根问底,思考这一根本问题,从而明确制定出让人人共鸣、具备大义名分的"使命"。只有在集团内部确立崇高深远的愿景和使命,集团成员和领导者本身才能获得源源不断的动力,在事业中奋发图强,精益求精。

而且,领导者必须拥有明确的判断基准,这一点至关重要。

我27岁时,在他人的支持下成立了京瓷,由我负责经营,但我却没有丝毫经营企业的知识和经验。身为一名精密陶瓷技术人员,我或许拥有些许制陶知识和经验,但对经营却一窍不通,完全从零开始。在创业之初,我遇到的第一个问题就是,"身为经营者,应该以什么基准进行判断"。

对未来领导者的期望

刚创业时,京瓷的一切都必须由我发号施令,"这个工作这样改进,向客户这样讲述,这个工作接下来这么推进"。因此,虽然是一家仅有28名成员的小公司,却时刻有一堆事务等着我做判断。我们是一家刚成立的小企业,稍有风吹草动就可能会消失,只要我一个判断失误,企业便可能面临生死存亡的危机。

假如我有企业经营的经验,就可以基于过往的经验做出判断,"过去也是这样,所以这么做就可以了。过去那么做失败了,所以不可以重蹈覆辙"。然而,当时我只不过是一个27岁的年轻人,而且不具备任何经营企业的知识和经验,因此根本没有判断的基准。但如果不及时做出决定,企业就会迷失方向。

我苦苦思索,最后决定把孩提时代父母和学校老师所教的做人道理当作判断基准,即以极度朴素的伦理道德，把"作为人应当做什么，不应当做什么"作为判断是非对错的根本。我决心将"作为人何谓正确"当作经营的判断基准，并一心一意地贯彻执行这些原理原则。

我的判断基准就是如此朴实无华，但现在回想起来，正是靠这些朴实无华的基准的强力支持，京瓷才从未走入过经营的误区，并得以不断顺利发展。

谁都能懂的思维方式和人生方程式

我常常想，像我这种毕业于乡间大学、赤手空拳创业的人，应该如何与毕业于一流大学、在大企业工作过的人们共事，应该如何度过自己的人生。同时，我还经常思索如何用人人都能明白的方式将这些朴实的道理表现出来。于是我发明了一个方程式：

人生·事业的结果＝思维方式 × 热情 × 能力

人从出生到死亡，其人生及事业的结果取决于"能力""热情"和"思维方式"这三要素相乘的结果，即人生和事业的结果取决于这个人拥有的"能力"，对人生和事业的"热情"，以及以何种"思维方式"对待人生和事业。

我提出领导者首先要有"能力"。领导者必须思考战略战术，必须具备工作所需的专业知识。因此，无论如何，领导者首先需要具备"能力"。同时，这里所说的"能力"并不单指头脑聪明，拥有健康结实、适应高强度工作的身体也是"能力"的一种。就这样，领导者要求具备较高的"能力"。

但是，有的人虽有能力，却无法让人感到他的"热情"。这种倾向在毕业于名牌大学的高才生身上表现得尤其明显。他们自觉头脑聪明，往往不肯认真踏实地付出努力。他们想，"只有头脑迟钝的人才会从早到晚一味傻干，我那么聪明，那些工作对我而言简直易如反掌",因此对工作不肯投入。相反,有的人尽管头脑不够机灵,但起早贪黑,埋头苦干,不惜粉身碎骨,对工作充满了"热情"。

"能力"与"热情"的分值范围为0~100分,而且它们之间不是相加而是相乘的关系,其结果对人生将产生巨大的影响。按照这个公式,假设毕业于优秀大学、头脑聪明的人的"能力"为90分,那么毕业于普通大学、能力平平的人就是60分。接着,假设珍惜宝贵的人生、不愿浑浑噩噩、百无聊赖地活着,从而付出不亚于任何人的努力、对人生全力以赴的人,其"热情"为90分,那么那些不愿起早贪黑刻苦用功,只想纵情享乐、得过且过的人,其热情就为30分。即使能力不高,只要拥有加倍的热情,愿意付出努力,即60分(能力)×90分(热情),也能得出5400分的结果。即使"能力"高达90分,但为人好逸恶劳,"热情"只有30分,其结果为2700分,只有前者的一半。

如果"能力"和"热情"之间是相加的关系,那么这两种人的结果没有多大差距,但如果是相乘的关系,其结果就会出现巨大的差别。按照这个思路,即使能力并不出众,但只要"付出不亚于任何人的努力",就有可能超越能力优秀的人,获得优异的成果。

在这里,还需要考虑"思维方式"这一要素。思维方式的分值范围为$-100 \sim +100$。因为是乘法,所以一旦思维方式为负,哪怕只是极小的负值,其人生和工作的结果便立刻变为负数。这么一来,"能力"和"热情"的数值越大,结果的负值反而变得越大。

换句话说,这一方程式充分体现了"思维方式"的重要性。它反映出一个人的思维方式、品格、思想、哲学及人格对其人生而言,是最为关键的要素。

混乱的思维方式使人生变得灰暗

下面有一个例子，充分体现了"思维方式"的重要性。

例如，有的人虽然有充分的"能力"和"热情"，却总是愤世嫉俗。他们认为这个世界充满了不公与矛盾，既然活在这样的社会里，干脆玩世不恭，甚至采取恐怖行动，报复社会。这种人即使原本有崇高的理想，却在不知不觉中变得自以为是，为了实现所谓的理想，不惜选择自私自利的手段，结果使人生的结果变成负数。

很久之前，即1960年，日本发生了世称"60安保斗争"的事件。当时，反对修订《日美安保条约》的学生和工会的人在国会附近举行游行示威，结果事态失控，陷入动乱。当时，我虽创立了京瓷，但正值血气方刚、满怀正义感的年纪，因此也曾打算以经营者的身份代表京瓷参加国会前的游行示威。趁着到东京出差,我还与当时年近60岁的专务专程赶到国会。在当时的日本,许多人都本着纯粹的心情积极参加社会运动,不少满怀爱国热情、充满正义感的年轻人都参加了示威游行。

不过大部分参加过社会运动的年轻人在踏上社会后,随着年岁增长,逐渐适应社会。只有少数人在思想上钻牛角尖,甚至走上以无别于恐怖袭击的方式来颠覆社会的道路,人们把他们称为"日本赤军"㊀。起初他们都是纯粹的正义之士,都是真心真意思考日本未来道路的人,但后来,他们的思维方式却逐渐走向负面。

几年前,日本赤军的头领回到日本后被逮捕。他竟大言不惭地说:"我的人生很充实。"他年纪轻轻

㊀ 一个日本极左派武装恐怖组织。——译者注

就离开日本,一直在戈兰高地一带没日没夜地接受战斗训练,一次又一次地发动恐怖袭击,杀害民众,现在年过半百,好不容易回归故里,却不得不在铁窗里度过漫长的岁月,这样的人生到底能留下什么价值?把唯一的宝贵人生耗费在这种事上值得吗?原本天生"能力"出众,同时还有火一般的"热情",却仅仅因为"思维方式"的混乱,整个人生便发生了翻天覆地的变化。

由此可见,"思维方式"对人生何等重要。因此,不管我们打算如何度过人生,成为怎样的领导者,首先都必须拥有与之相吻合的"思维方式"。

拥有怎样的"思维方式"、人生观和哲学,是一个人的自由。然而,由此而产生的人生结果,也必须由个人承担。

然而,我们在学校里却几乎没有接受过关于人生观的教育，因此人们往往不会深入思考自己的人生观，而是稀里糊涂地、漫无目的地活着，对人生逆来顺受。我深深地感到，人从年轻时开始就有必要探求人生中应具备的思维方式与哲学。

从年轻时起，我就觉得"思维方式"十分重要，因此在27岁创立公司之后，我就把作为人应该做的事情逐条归纳总结，编集成"京瓷哲学"。其中记录了几十条我在工作实践中体悟的"人生应有的思维方式"。

用一句话概括这一思维方式，就是方才所说的"作为人何谓正确"。不是"作为公司何谓正确"，更不是"作为自己何谓正确"，而是"作为人何谓正确"，即把做人应当遵守的普遍真理作为人生的原理原则。同时，我还把这些原理原则作为京瓷的"哲学"，向员工反复讲述，努力共有。

"思维方式"到底追求的是什么

当时,每当我讲述这些原理原则,部分人马上表示抵触:"拥有怎样的思维方式是我的自由。为什么进了京瓷,就必须遵从京瓷的思维方式?这是对个人思想的钳制,我们生于自由民主的社会,有权保持思想自由。京瓷将自己的思维方式强加于人,岂非可笑!"

这使我非常苦恼。"持有何种思维方式的确是个人自由,但如果对大家的思维方式放任自流,就绝不可能将工作做好"——尽管经营企业的资历不深,但我坚信这个道理,因此仍旧坚持向员工讲述"京瓷哲学"这一企业思维方式。然而,想要让员工认同、接纳这些思维方式绝非一朝一夕之功。记得当时我遭受了许多抵制和争议,内心感到非常痛苦。

同时,公司外部也同样表现出轻视"思维方式"

的倾向。有一次，我和年纪大我一轮、待我十分亲厚的华歌尔创始人塚本幸一先生一起，在京都祇园一角成立了一个企业家俱乐部"ELEVEN"。当时，俱乐部里聚集了许多京都企业家，同时，以索尼的盛田昭夫先生为首，许多东京企业家也赶来参加活动。

有一天，我在那里与一个比我年轻两三岁、经营女装的企业经营者发生了争执。他是企业的第二代继承人，也就是所谓的太子爷，毕业于名校，先是进入银行工作，后来继承了家里的企业。他头脑聪明，致力于用先进的企业管理方式经营企业。当我讲述自己对经营的看法时，他马上反驳道："稻盛先生，你说得不对，我是这么想的……"于是我们之间发生了激烈的争论。

塚本先生平时不会参与讨论这么复杂的话题，但当时，他突然对那位太子爷怒声呵斥道："你在胡说些什么！闭嘴！"对方被突然喝令"闭嘴"，瞬间愕然失语。塚本先生接着训斥那位太子爷："稻盛君基于自己的人生观，把企业经营得有声有色，而你却唱反调，说他的思维方式有问题。把你的经营和稻盛君比一比！你们的业绩简直是一个天上，一个地下。单单把思维方式放在一起比较，讨论谁对谁错，这种做法本身就很可笑。如果你的企业经营得比稻盛君出色，你或许还可以说他的思维方式有问题，可你和稻盛君本来追求的目的就不相同，根本就无法相提并论。"

我认为塚本先生的意思是，归根结底，思维方式根据每个人追求的目标而大相径庭。想达到的目的地不同，实现的过程也不相同，于是"思维方式"也会发生变化。追求的目的不同，自然谈不上彼此思维方式是对还是错。我想，塚本先生用独特的方式表达了这个观点。

我们可以用"登山"来比喻"应该拥有怎样的思维方式"。如果要爬附近的低矮山丘，只需以郊游的心态，身穿常服，脚穿运动鞋就能实现。可若想征服阿尔卑斯之类的雪山，就必须配备相应的装备，更不要说攀登珠穆朗玛峰了，那更必须身怀攀岩技术，配备各种各样的装备，接受严格的训练。正如攀登的山峰不同，需要的准备工作和装备也不相同，一个人追求的人生、经营目标不同，他所持有的"思维方式"的境界也截然不同。

若想攀登世界最高峰，就必须坚持艰苦的训练。但经营者往往轻描淡写地认为，"如果一直持续艰苦训练，身体就会垮掉。而且如果部下工作得太辛苦，心情不愉快，就不会追随自己"。塚本先生却以自己的观点告诉我们："稻盛君要攀登的山峰，与你们以郊游心态爬的小山从本质上完全不同。想要攀登险峻的高峰，就必须不断反复严格接受训练，做好周密细致的准备，哪怕有人因此而掉队。换句话说，企业追求的目标越高远，员工需要持有的思维方式越高远。"

事实上我在创业时常对员工讲述下面的话。

京瓷成立时,只有28名员工,租借了京都市中京区西京原町一家叫宫木电机制作所的企业的仓库作为厂房。28个人当中,有7名是随我从之前的公司辞职,或从其他公司调来的人,剩下的20名员工都是刚刚进入公司的高中应届毕业生。我每天把他们集合在一起,对他们讲道:"现在我们虽然还是中小企业,但我们先要成为原町第一,接着成为西京第一,继而成为中京区第一,京都第一,日本第一,乃至世界第一!"我一直向他们反复宣扬这一论调。

可是,单是想要成为西京地区第一,就必须超过区内一家看似一辈子也无法超越的大企业。这家企业叫作京都机械工具公司,是一家生产汽修专用扳手之类工具的企业。更不要说中京区还有岛津制作所。岛津制作所近几年因为出了诺贝尔奖获奖者而名声大噪,不过当年它就是一家高科技企业,连我读大学时研究所使用的分析仪器也是由它制造的。在内心深处，我也认为要超过这些拥有先进科技的大企业几乎是不可能完成的任务。

尽管如此，我还是坚持向员工讲"要成为世界第一"。要想向这些领先的大企业及一流企业逐渐靠拢，单靠寻常的努力是追赶不上的，为了达成追求的高目标，我努力地向全体员工共有与之相应的"思维方式"。

在体育界也是同样的道理。举一个比较老的例子，大松博文教练率领的女子排球队在1964年东京奥运会夺得冠军。当时，大松教练为了让女子球员学会翻滚垫球，对她们进行了严格的训练。由于训练过于苛刻艰苦，他还曾遭受非议，被谴责"对女子过分严苛，简直无视人权"。

然而，若想成就世界第一的排球队，就需要超乎寻常的训练。如果目标只是成为日本国内中上水平的排球队，就没必要进行严酷的训练，但倘若想成为世界第一，就必须接受超乎常人的严格训练。先确定追求的"目标"，然后才能确定达到目标所需要的"思维方式"。

京瓷一直以来都在制定高目标，因而在公司步入正轨之后，我也一丝不苟地贯彻清教徒般的"思维方式"。为此我还遭受过媒体记者的中伤，说"京瓷疯了"。有的记者还断章取义，抓住我曾经说过的一句话"创造划时代发明与伟大发现的人都必须步入疯狂的境界"，用发狂的"狂"代替京瓷的"京"字⊖，揶揄京瓷为"疯狂陶瓷"。

同时，也有的经营者说："快乐工作、轻松经营是我们公司的风格。稻盛先生的经营风格太清苦、太

⊖ 日文中"京"和"狂"发音相同。——译者注

苛刻,还是我们这种轻松愉快的公司能让员工感到心情舒畅。"

对这种批评我根本不去辩驳,因为我所追求的企业和那些追求活得轻松愉快、同时在经营中也奉行轻松愉快风格的人截然不同。

我追求的目标是开拓一个从未有人涉足的、全新的精密陶瓷世界,让京瓷成为世界第一的陶瓷公司。要想成就这样的企业,光靠嘻嘻哈哈、轻描淡写的思维方式是绝对不可能实现的。要实现这个目标,就难免选择饱尝艰难困苦的道路。

领导者必须具备崇高的思想境界

近来,日本产业界接连出现各种各样的丑闻,导致那些曾经万众瞩目的知名企业家及拥有辉煌历史的大企业纷纷走向没落。目睹这些企业家和企业的衰落，我感到无比心痛。尤其是那些白手兴家的企业家，由于我与他们有相似的境遇，因此感到格外难过。

我觉得发生这样的事，一切起端都可归结于领导者的"思维方式"。归根结底，在"攀登哪类山峰"一事上，身为企业指南针的领导者不能犯丝毫差错。

不管是创业型企业，还是历史悠久的老牌企业，其领导者都往往具备卓越的"能力"，拥有火一般的"热情"。而且，起初他们的"思维方式"也并不差，因此他们才能获得巨大成功，企业也得以发展壮大。然而，当成功之后，他们往往沉湎于地位、财富、荣誉以及对亲朋好友的私人感情之中，其身为领导者的思维方式逐渐变质，最后为企业扣下没落的扳机。所谓"成也萧何，败也萧何"，叩开成功大门的是领导者，导致企业没落的也同样是领导者。

对未来领导者的期望

如前面所述,只要愿意承担后果,一个人选择怎样的思维方式是他的自由,但唯有以企业经营者为代表的集团领导者不能有这种想法。领导者的思维方式不仅仅影响个人,还关系到员工甚至社会的命运。因此,统帅集团的领导者绝不可以认为选择怎样的思维方式是自己的自由。为了集团的幸福、社会的富裕,拥有高尚深远的思维方式是领导者的义务。更何况一国之相,更应具备非凡的、崇高的"思维方式"及高洁的人格,否则极有可能导致国家灭亡。

在企业中,不单是社长,即便是部长、课长,只要是组织的领头人,都不能随心所欲地选择自己的思维方式。为了集团的幸福,领导者必须持有高尚的"思维方式"——领导者或将成为领导者的人必须深深地认识到这一点。就像前面所举的二宫尊德的例子,无论环境如何改变,只有反复锤炼,培养起稳固如山的"人格",才能成为真正的领导者。

中国有句古话叫"惟谦受福",这句话的意思是只有谦虚才能令人幸福和幸运。失掉谦逊之心,是人生和经营的最大损失。即使成功,也要知足,不忘谦虚,必须因为自己的幸福而对周围人常怀感谢。同时,为了让他人幸福而奉献的"利他之心",这一点也十分重要。当自己获得成功、春风得意时,只要拥有"利他"思想,就绝不会为人生埋下没落的导火索。

我义务开办了"盛和塾",为年轻经营者提供经营指导。现在,盛和塾中聚集了3500名中坚企业及中小企业经营者,他们在各地举办基于我的经营哲学的学习会。许多研习我经营哲学的塾生企业已经上市,或正在公开募股。不过也有一些经营者在企业上市后就不再参加学习会,听说没有多久,其中部分经营者就逐渐偏离正轨,企业业绩大幅恶化。

我一面竭尽全力向大家传授"思维方式",一面自己也在拼命学习、实践。虽然我获得了巨大的成功,但随着身边环境的变化,我的"思维方式"也会发生变化,企业经营自然也随之改变。即使通过学习,比别人更加理解"思维方式"的重要性,也难免陷入这种境地。这样的事例我已见过不少。

在场的都是各行各业的领导者,我像教小孩子一样给大家讲大道理虽然十分失礼,但我们往往在学过"思维方式"后,便不肯坚持反复学习。我坚决认为,我们应当重新深入理解"思维方式"的重要性,通过坚持每日反省,将这些"思维方式"转化为自己的思想。我坚信,这么一来,我们的人生和事业就必将变得更充实、更富足,结出更多的丰硕果实。

九州大学是日本屈指可数的高等学府,迄今为止为社会各界输送了许多人才。而本次商学院向社会输送了第一批毕业生,今后想必将成为催生许多出色领袖的孵化器。

包括产业界在内,如今的日本正面临巨大的转折。在这种环境下,九州大学今后必将发挥更重要的作用。希望各位不要把我今日所讲的内容仅仅当作商业技巧对待,而是致力于培养具有优秀"人格"的人才。

要　点

人类历史就是领导者的历史,这么说也不为过,这个规律在企业经营中也完全适用。事实上,一个领导者可以让一个企业发展壮大,也可以让一个企业陷入悲惨的境地或破灭,这种事我们已屡见不鲜。

○

领导者必须有"见识"。"见识"不是单纯指知识,而是把知识升华至"必须这样做""想成为这样"等坚定信念的高度。还有，领导者必须高瞻远瞩，站在组织的最前面，引领整个集团前进。这要求领导者自身具备统帅能力。所谓统帅能力，也叫勇气、胆量、决断力和执行力。领导者必须具备这些特质，否则将无法统领由众多人员组成的集团。

○

吕新吾曾说过，"深沉厚重是第一等资质"，即领导者需要有不浮夸、深思熟虑、值得信赖的厚重性格，总而言之，就是具备"高尚的人格"。

○

身为一名领导者，要带领好集团，就必须制定集团的目标和愿景。领导者有必要制定出高远的目标、愿景，并做出明确的描述，如"我们的公司、部门要向着这个目标前进"。

○

如果单纯为了提高业绩，只需制定出目标就够了。然而，若想追求集团的永续发展，就要求领导者进一步思考："达成目标的目的是什么"。

○

达成目标对企业、社会、国家甚至人类具有什么意义？领导者必须不断深入思考这一根本问题，明确制定出使人人共鸣、具备大义名分的"使命"。通过在集团内部树立崇高深远的使命及愿景，促使成员产生自我驱动力，在事业中做到精益求精。

○

我把孩提时代父母及学校老师所教的道理作为判断的基准。换言之，就是基于极其淳朴的伦理观，即"作为人应该做什么、不应该做什么"来判断事物的是非曲直。我决心把"作为人何谓正确"作为企业经营判断的基准，并全力贯彻执行这一原理原则。

○

"人生·事业的结果＝思维方式×热情×能力"。从生到死，一个人的人生和事业的结果由他所拥有的"能力"，对人生和事业投入的"热情"，以及对待人生和事业的"思维方式"这三个要素相乘而得。

○

即使能力不强，只要肯"付出不亚于任何人的努力"，就能够超越能力优秀的人，取得优异的成果。在这里，还要注意"思维方式"这一要素。"思维方式"的数值在±100之间。因为是乘法，所以只要思维方式稍有否定消极，人生及工作的结果就会全部变为负数。这么一来，"能力"越大，"热情"的程度越高，这个负值反而会变得越大。

○

度过怎样的人生，成为怎样的领导者，首先取决于我们拥有的"思维方式"。拥有怎样的"思维方式"、人生观及哲学，完全是一个人的自由。然而，其带来的结果，也完全需要个人来承担。

○

"应该持有怎样的思维方式"可以用"登山"来比喻。如果想攀登邻近的低矮山丘，完全可以用郊游的心态，身着常服、脚穿运动鞋便足矣。然而，若想攀登珠穆朗玛峰，不仅需要攀岩技巧，还需要配备各种装备，接受严格的训练。正如攀登不同的山峰所需要的准备及装备不同一样，人的思维方式也因追求的人生及经营目标不同而截然不同。

○

不论是新创业的企业，还是历史悠久的老牌企业，其领导者都必然具备卓越的"能力"及火一般的"热情"。同时，在刚开始时，这些领导者的"思维方式"想必也并不差。因此，他们的事业才能大获成功，把企业发展壮大。然而，当取得一点成绩后，他们往往会被地位、财富、名誉及亲朋好友的私情所累，思维方式逐渐变质，结果向自己扣下了没落的扳机。叩开成功大门的是领导者，导致企业没落的同样也是领导者。

○

我们往往对"思维方式"学个一知半解就心满意足了，不愿意一遍又一遍地反复学习。我们必须深入理解"思维方式"的重要性，坚持每天反省，把良好的"思维方式"转化为自己的思想。如此一来，我们的人生和事业必将更加丰富多彩，硕果累累。

一个"自力"与两个"他力"

纽约盛和塾塾长例会演讲
——2006 年 11 月 26 日

　　纽约盛和塾于 2005 年 4 月开塾，是盛和塾的第 57 个分塾。本次演讲是自从开塾仪式以来稻盛先生在纽约塾的第二次讲话。在出席的 200 名来自美国及日本的塾生面前，稻盛先生讲述了经营者必须具备的"三个力"，即一个自力和两个他力。

你具备经营者的实力吗

今天,我想讲一讲企业经营的三个关键之"力",供身在异国他乡仍然勤奋工作的纽约塾生们参考。

第一个是"经营者自身拥有的实力"。如何评估一个经营者的实力呢?这要看经营者是否能够践行"经营十二条"的所有条目。当有人问:"你是否具备经营者的实力"时,如果你能回答"我能忠实地遵守、践行经营十二条的所有条目",那么你就是一个拥有相当实力的经营者。

即将开展的业务在商业上是否成立

听完美国塾生的发言,我发现大家大多是先有了点子,然后才开始创业。日本的经营者大多从父母手中继承事业,或者先到企业经历各种锻炼,然后才独立创业。在美国,大多数人是先有了独特的想法,然后打算将其发展为一门事业,因而才独立创业。基于这种实际情况,各位在践行"经营十二条"前,有必要做好一些基本工作。

首先需要验证一下发展的新业务在商业上是否成立。

制造业生产的产品通常都有市场定价,因此必须检视企业是否能够根据该产品的市场定价制定出恰如其分的生产成本,如材料费、人工费等。

如果不经过研究讨论,而仅凭"我想生产这种产品"的一时冲动贸然开展业务,那么这一产品极有可能因无法满足市场价格而导致入不敷出。为了避免出现这种状况,企业必须在确保产品成本能够充分支撑市场价格的基础上开展生产活动。

流通业也是如此。虽说都是流通业,但分两种形态：一种是购入货品，然后转手销售；另一种是并不实际采购、销售产品，而只是进行代理，从中收取佣金。在美国，后者被称为"销售代表"。这种商业模式是企业替生产商寻找购买产品的客户，撮合双方直接交易，然后从销售金额中收取一定比例的费用作为佣金。在美国做生意，从事流通业无须投入过大的资本，大概是门槛最低的商业模式了吧。

从事流通业，必须提前想好所代理产品的销售价格减去进货价格后所余毛利是多少。如果无须花费过多营销管理成本，那么即使毛利微薄，或许也能盈利。但销售往往需要耗费大量宣传费，如果毛利无法达到一定量级，就很有可能无法维持。有时，促销还有可能带来相当的人力成本，因此必须根据行业及市场特性，考虑应该获取多大毛利。

因此，即便身在流通业，首先也必须思考自己代理的产品能获得多少毛利，及这些利润是否足以支付包括业务员在内的营销成本。

通过充分的模拟演算及收支研究，如果感觉"这么做可行"，就意味着已具备创业的前提条件，因此才能开展业务。这时，才能谈及前面所说的"是否具备经营者实力""是否能忠实遵守经营十二条"等问题。

一旦明确标准，确保新业务能够获取足够的毛利，确保自己不会浪费成本，胡乱经营，那么接下来的重点就是充分发挥经营十二条所提倡的、经营者自身的实力。缺乏经营者实力的人无法从事经营。企业领导者必须拥有忠实践行经营十二条的能力。

经营者应践行的"经营十二条"

接下来，我给大家简要讲解一下"经营十二条"。

第一条是"明确事业的目的和意义"。必须确立光明正大、具备大义名分的崇高目的。这就是说，为了告诉自己为何从事这个事业，必须明确具备大义名分的目的及意义，这一步不可缺少。如果发展事业的理由是为了满足个人私利私欲，员工就会认为"经营者为了自己赚钱而使唤我们"，自然不会全心提供协助。因此，必须确立能引起员工共鸣的、具备大义名分的、境界高远的目的和意义。

刚才，我说了不应该基于个人的私利私欲创办公司。但在美国，许多经营者创业的目的都是为了满足一己之欲，为了让自己赚大钱，而且号称干部是合作伙伴，以高额的报酬换取他们的协助，基于利害得失构筑公司内部的人际关系。这么一来，只有企业高层获得了实惠，而普通员工仍旧愤愤不平，于是纷纷以工会的形式抗争，导致劳资双方之间发生种种冲突。正因为整个美国社会的驱动力是利害得失，我们更应该为事业确立具有大义名分的目的。

第二条是"设立具体的目标"。它是指"我们公司在这个月要有多少营业收入,要产出多少利润",制订每个月的详细计划,并向员工仔细讲解并共有,直至员工明确表示"社长,我明白了,就按照这个计划干吧"。制订具体计划并让员工共有,其目的是赢得员工的协助,统一全公司的思想,形成合力。如果企业没有基于共同的目标而制订的月度计划,经营便无从谈起。

第三条是"胸中怀有强烈的愿望"。这一条的副标题是"拥有渗透到潜意识的、强烈而持久的愿望"。领导者心中必须抱有"无论如何也要实现""不管怎样必须成功"的强烈愿望,而且必须达到日思夜想的程度。

在我担任社长经营京瓷的时期,曾有过各种各样的烦恼。从那时起,我就认为"没有强烈的愿望,就不可能有所成就"。于是,有一年,在新年刚上班的第一天,我把员工召集起来,提出了"实现新计划的关键在于不屈不挠,一心一意,因此必须聚精会神,抱着高尚的思想和强烈的愿望,坚韧不拔地干到底"的口号,以此作为该年度的经营方针。其实,这句口号借自中村天风先生的话。我用毛笔把它写下来,张贴在公司内。

经营企业需要确立具有大义名分的事业目的,具体的月度行动计划。为了成功实现计划,无论遇到多么大的困难,也要不畏艰险,不屈不挠,一心一意。因此,我们应该竭尽全力,一丝不苟,专心致志,埋头苦干。同时心无邪念,志气高昂,一心一意,坚持干到底。

心怀高尚的情操,坚持贯彻理念,是成就计划必不可少的要素。我借天风先生的话,提出了"要心怀强烈的愿望"这一口号。

第四条是"付出不亚于任何人的努力"。我们每天从事的工作平凡而琐碎，日复一日地四处拜访客户，推销产品，一次又一次被人拒之门外，却毫不气馁，仍然前去争取订单。我们必须一步一步，脚踏实地，扎扎实实地做好平凡而琐碎的工作，坚持不懈地努力。

第五条是我常讲的"销售最大化、经费最小化"。不刻意追逐利润，利润也能自来。只要努力做到销售最大化、经费最小化，利润就会随之而来，进而实现企业的高收益体质。

第六条是"定价即经营"。刚才我讲过，必须检视是否有足够的毛利，前提是做好买卖价格管理。如果价格管理失败，哪怕再努力，也不会产生利润，这就是定价即经营。

售价也好，采购价也好，都取决于市场及竞争对手,而不是由自己决定。但是,判断一个价格是否适合,却是该由企业领导者本身决定的。要想预测产品定价多少才适合、产品销量能有多少并非易事,但领导者必须在对自己产品的价值正确认识的基础上,把价格设定在利润最大的一点之上。正因为如此,定价是领导者的职责,这么说也不为过。

第七条是"经营取决于坚强的意志"。经营需要有不屈服于任何困难、洞穿岩石般的强烈意志。为了达成第二条设立的具体目标,必须具备不亚于任何事物的坚强意志。

第八条是"燃烧的斗魂"。经营需要强烈的斗志,其程度不亚于任何格斗竞技。商场如战场,竞争激烈,要想在残酷的竞争中脱颖而出,将企业发展壮大,领导者必须具备斗魂。

第九条是"临事有勇"。一旦领导者有卑怯的举止，不正之风将如野火般在整个组织中蔓延。率领着众多员工的经营者必须在强烈的使命感和坚定信念的驱使下，鼓起勇气，率先垂范，把正确的事情贯彻到底。

第十条是"不断从事创造性的工作"。在经营企业时，如果十年如一日地重复相同的动作，企业就不可能得到发展。然而，即便想发挥"创意"，做出独一无二的创造，也无法一蹴而就。只有每天刻苦钻研，不断创新，精益求精，使明天胜过今天，后天胜过明天，才能做出真正具有创造性的工作。

第十一条是"以关怀坦诚之心待人"。买卖是相互的，买卖双方都要得利。只有在生意中抱有"自利利他"之心，抱有关怀诚实之心，为对方着想，才能让客户满意，同时也实现自己的利益。

第十二条是"始终保持乐观向上的心态，抱有梦想和希望，以坦诚之心处世"。企业经营总会出现各种难题，这些难题往往会把经营者逼近绝路。然而，越艰难困苦，就越应该始终保持乐观向上的心态。为此，经营者自身首先要抱有梦想和希望，以坦诚之心对待人生，这一点至关重要。

经营者必须执行以上12条，否则经营就无法成立。经营必需的三个力中的第一个，就是经营者自身的实力。也就是说，经营者本身具备实施经营12条的能力是成功经营企业的必要条件。

支持企业的合作伙伴及全体员工形成的"他力"

第二个力是他力，也就是与自己同心同德、共同经营企业的人，尤其是自己的副手、左膀右臂等合作伙伴的力量。经营者必须获得这种他力。

一个"自力"与两个"他力"

提到赢得自己合作伙伴支持的经营者，我立刻想起本田技研工业的本田宗一郎先生。本田先生出生于锻造之家，长于制造，并且在财务方面得到了个性乐观的藤泽武夫先生的支持。正因为本田先生与藤泽先生之间深厚的伙伴关系，本田才能成为世界级的企业。松下幸之助身边也有高桥荒太郎这一好伙伴。幸之助先生善于制造、经商及思考事物本质，而高桥先生则长于财务会计。正因为有了前人的先例，所以人们常说，是否能够拥有担起半边天的优秀合作伙伴是决定企业经营成败的关键。

与其独自一人背起企业经营这一巨大的包袱，弯着腰在山坡上艰难地攀行，不若用一根扁担，把沉重的经营挂在扁担正中，找一个人挑起扁担的那一头，两人齐心协力，"嘿哟嘿哟"地抬着走，这样会走得更轻快。是否能找到为自己分担的伙伴，得到他力的协助，对企业经营而言至关重要。

本田宗一郎先生有藤泽武夫先生，松下幸之助先生有高桥荒太郎先生，而我和他们不一样，我并没有这样优秀的合作伙伴，不得不一个人既抓生产又搞销售。在《稻盛和夫的实学》(日本经济新闻出版社出版)一书中我也提到过，我身为技术人员，却连财务也不得不管，而且还不得不事事躬亲，大包大揽。这样的经营方式绝不值得提倡。

我感到非常苦恼，心中极度渴望拥有同样经营理念的经营伙伴。我甚至想，如果我懂得魔法，像孙悟空那样，拔出自己的毫毛，就能变出自己的分身，那该多好啊。有了这些分身，我就可以委托他们，"你去帮我盯着销售，你去帮我管理财务"。

于是，我想出了"阿米巴经营"这一管理模式。为了让伙伴能够体会我的心情，体会掌管经营之舵的痛苦，我只好让他们负责某个部门，取得与我相同的经验。在这一思想的主导下，我开始实施阿米巴经营。归根究底，阿米巴经营的目的是为了培养合作伙伴，使他们能够体会经营者的心情；是为了得到能与我共同经营企业的人才。于是，我还制定了分部门独立核算制度，把部门经营委托给各部门负责人，从而培养真正能成为自己经营伙伴的人才。

就这样，我在事事躬亲、大包大揽的过程中，摆脱了分身乏术的痛苦。这使我得出一个结论："自力"是有限的，人绝不是靠自己一个人活在世上。人活在这个世上，必须得到他人的支持，同样，在企业经营中，经营者单靠一人独立难支，还需要有与自己共同分担经营的伙伴。

构筑心心相连、坚不可破的信赖关系

话虽如此，可在美国却难以找到值得信赖的伙伴。人种不同、宗教不同，更何况美国社会是资本主义的大本营，人与人之间信奉的是以利害得失为基础的、生硬冰冷的人际关系。在这样的社会里，要找到与自己同心同德的伙伴非常困难。

然而，在日本也一样艰难。昨天还全心信任的伙伴，今天就因为其他竞争对手开出的高额薪水而轻易跳槽。越是具备高超技术和实力的人，越是同行垂涎三尺的对象。当然，自己也可以通过猎头，从同行那里挖来人才。今日还一起共事的同事，明日就可能摇身一变成为竞争对手。这些人掌握着企业的全部信息，因此很有可能被同行一举超越。所以，想要获得值得信赖的伙伴，的确十分困难。日本社会虽然没有美国那么不近人情，但获取同伴之难也不亚于美国。

尽管如此，一个人努力的力量有限，在企业规模尚小时，或许还能勉强维持，可一旦企业的销售额发展到一两百亿日元，成为具备一定规模的中型企业时，就无论如何需要值得信赖的合作伙伴。

例如，在美国，经常用期权及物质刺激的方式，以报酬作为诱饵找到合作伙伴。最近，在日本这种做法也日渐盛行。然而，这种以欲望为基础建立的关系绝不会长久。

想要赢得值得信赖的伙伴，就必须构筑心心相连的信赖关系。当然，在利益上也需要达成共识，但最根本的还是要抓住人心。

京瓷公司就是建立在心心相连的基础上。刚创业时，我并没有什么了不起的技术，可以依靠的只有那些与我志同道合的伙伴。因此，当时的我可以依靠的唯有他们的心。世间没有比人心更容易改变、更脆弱的东西，但纵观历史，出现了不少真心相待、用生命守护承诺的可歌可泣之事。人心一旦紧紧地联结在一起，就会变得无比可靠。最容易改变、最脆弱的是人心，而最牢固、最可靠、最美好的也是人心。因此，无所依靠的我打算在构建心灵纽带的基础上从事企业经营。

为此，首先经营者自身在企业经营中必须拥有崇高的使命感，并将之明确地传达给自己的伙伴。"我希望以这种人生观、这种哲学度过人生，我想要以这种思维方式经营企业。你认同吗？"领导者要对未来有可能成为自己伙伴之人循循善诱，说服他们，直到他们表态："既然这是你的思维方式，那让我也出一份力吧。"

同时，为了形成美好的心心相连的关系，经营者不仅要向对方讲述自己的思维方式，还应该敞开心扉，坦诚相待，获取对方的信赖。从创业时起，我就认为，只要真心相待，对方也必将对我报以同样的真心。

就这样，开始先是出现一个值得信赖的伙伴，不久变成两个、三个……这样的人不断增多。假使有六名董事会成员，那么就要与这六人建立起同心同德的关系。建立起这种紧密关系的人们将成为值得信赖的伙伴，成为他力，为具备自力的经营者提供支持和帮助。经营者首先自身要有高尚的思维方式，接着想方设法让身边的伙伴对这一思维方式产生共鸣，促使他们成为值得信赖的合作伙伴。

赢得全体员工的信赖与协助

经营者不仅要促使员工成为自己的伙伴，还要赢得全体员工的力量，这一点也十分重要。

为了营造全体员工对工作自觉自发、主动积极的氛围，经营者必须毫不隐瞒地将企业经营的信息告知员工，让他们了解当下的经营状况。同时，通过酒话会等聚会活动，向员工讲述"我是这样经营的，我的目的是希望为各位做这些事"。要使全体员工产生"我一定全力协助这个社长"的想法，这一点十分重要。

塾生们加入盛和塾后也必须竭尽全力，努力让员工朝着自己的方向前进。能否赢得全体员工的理解及协助将关系整个企业经营，这么说也不为过。

让宇宙、自然之力成为好帮手

在此小结一下，经营中必不可少的第一个力是经营者的实力，即自力。经营者必须具备能力践行"经营十二条"的所有条目。

第二个力就是他人之力，即他力。拥有实力的经营者在赢得并不断增加全心全意支持自己的合作伙伴的同时，必须赢得员工不遗余力的协助，进而把企业经营得有声有色。

在经营中关键的第三个力也是他力。不过这个他力与方才的他力不同，并非人类之力。我们要让伟大的宇宙之力、自然之力成为支持我们的好帮手。只要拥有这种力量,就能获得幸运,也就意味着命运将扭转至好的方向。

这些话听起来似乎神秘而深奥,像在宣扬"有神论",然而我常对大家这么说。

我经常给大家讲述《了凡四训》中关于改变命运的故事。思善行善,命运就会好转,而念恶作恶,命运就会走向衰落。我一直反复强调"种善因,得善果;种恶因,遭恶报"——这是因果法则,也是宇宙的不二真理。只要遵循这一法则,思善行善,就会得到好的结果,伟大的宇宙之力与自然之力也将站在自己这一边。

佛教中的因果法则

只要坚持思善行善,就必然有好的结果;不断起恶念,做恶事,就必将出现恶的结果。这一因果法则在人生中显而易见,佛教中用"因缘"这个词告诉我们这个道理。我们经常说的"造业",如今虽然用于贬义,但原本的含义却完全不同。

释迦牟尼佛祖开示,先有"因"(直接原因),"因"遇"缘"(间接原因)而生"果"(结果)。后来,一位叫白隐禅师的高僧用诸多比喻解释"因缘"的含义,比如稻谷是米的因。稻谷落到田中,遇到水、土、阳光、热等诸多外缘,发芽成长,不久结成稻穗,然后诞生出"稻米"这一结果。这才是"因缘"的本义。

佛教将"因缘"解释为"在往昔生生世世轮回中我们所造之'业',遇到现世的诸多外缘,由此产生结果。因此,你如今的人生就是过去的'业'与'缘'相合后生成的结果"。佛教教义与《了凡四训》中提到的因果法则完全如出一辙。

释迦牟尼佛祖认为,'业'为因,由人心念所生。原本空无一物的宇宙之中,最先产生的就是"心念"。

在基督教中也有"太初有话"之说,如果没有思想,神也不会说话,所以思想是宇宙最早出现的事物,是万物之因。

我想把话题扯远一些,介绍一下佛教中对因果法则的诠释。

我所属的临济宗为首的禅宗中有《无门关》,是一本记录禅问答的公案集。其中第二则禅门公案是《百丈野狐》,内容如下:

有个老人经常来听禅师说法。有一次,讲法结束后,这个老人仍然没有离开。和尚上前相问,老人说自己曾经是这家寺庙的住持,接着说道:"在我担任住持时,有人问:'开悟的高僧是否不再在佛陀所说的因果之中?'我回答:'当然,开悟的伟人当然脱离了因果法则。'话音刚落,我就投胎变成了一只野狐。和尚,我想请问一问你,开悟的人是否不在因果之中?"

和尚回答这位老人:"开悟之人也不能逃脱因果法则,但是开悟之人能洞悉因果法则存在的原因。因此,洞悉了因果法则之人才能达至开悟的境界。"

"原来如此,我明白了。正因为我心存傲慢,断言开悟者完全解脱而不受因果法则制约,才遭到投胎为狐的报应。真是一语惊醒梦中人啊。"于是老人说:"我身为野狐的日子到今天结束了。在这座寺庙的后山里会有一具野狐的尸体,请您以法师之礼为那只野狐送葬超度。"说完,老人便转身离去。

和尚把云水僧召集起来,说要做一场葬礼。大家都感到诧异:"这是为谁做超度呢?明明没有人去世啊。"不过依旧按照和尚的吩咐,在后山集合。只见和尚脚边卧着一具野狐的尸体。和尚以法师之礼为野狐举行了火葬,他们诵经超度,厚葬了那只野狐。

这就是《无门关》第二则《百丈野狐》的故事。禅宗常常用讲故事的形式进行禅问答。禅宗偏于理性，从不描述死后的世界，但却显而易见地表达了因果法则的思想。

接着言归正传吧。

常怀感谢之心

为了获得伟大的宇宙之力、自然之力的帮助，就必须遵循因果法则，思善事，行善念。

何谓"善"呢？在《了凡四训》中也有"存善念"的说法，简单来说，"思善"就是感谢、利他。利他就是指关爱他人和慈祥而美好的爱，在佛教中就是慈悲。

然而，如果不能常怀感谢之心，就无法产生利他之心。要为自身的幸福而感谢他人。对世间的森罗万象、万事万物心怀感谢——这本身就是美丽善良的心灵，只要怀有感谢之心，自然就会关心体谅他人，对他人充满慈爱。

在昨天的欢迎晚宴上,有人讲述了感恩节的由来。"1620年,一群清教徒搭乘五月花号,离开了祖国英国,横渡大洋来到美洲。等待着这群人的是严酷的寒冬,不少人在严寒中失去了宝贵的生命,但土生土长的美洲原住民将食物分给幸存的移民。这些幸存的清教徒们向原住民学习,勤奋地劳作,在次年11月举办了丰盛的庆祝宴会,用初次收获的农作物及在山上捕获的野火鸡举行了盛宴,招待了对他们关照有加的美洲土著,并以此作为对朋友及神明恩惠的感谢。"

听了这个故事,我心中想道,如果感谢之心不是仅仅以节日的形式留存下来,而能成为当今美国社会的传统,那么美国社会必将变得更加美好。日本也逐渐丧失了感谢之心,变得世风日下,人心不古。

诠释善良之心无须长篇大论,只要记住感谢之心、关爱之心即可。与此相反,恶念是指与利他之心对立的利己之心,比如"只顾自己,不顾别人"的贪婪之心就是恶心恶念。

在人生中始终抱有利他及感谢之心的人,必将获得宇宙的力量与幸运的眷顾。相反,只顾自己的利己之人无论做什么事都不能称心如意。

以理性抑制烦恼

我时常向各位强调"要拥有善良的心"。同时,我也说过,拥有善心绝非易事。

我们人类一来到这个世上,就拥有大自然赋予的本能。其中最强的就是释迦牟尼佛祖所说的烦恼,而烦恼中最顽固的是被称为"三毒"的三大烦恼:第一个是"贪婪";第二个是"嗔怒";第三个是"愚痴"。所谓愚痴就是愤愤不平,对人心生怨恨嫉妒,愤世嫉俗,心怀恶意。

本能,即烦恼,是大自然赋予我们的本能。如果没有这些本能,人就无法生存。本能是大自然赋予人类的、使人类生存下去必不可少的天赋,比如为了维持肉体的食欲,与敌人战斗的争斗之心等。

如果我们不以理性对自己的本能、烦恼加以控制,日常生活就会全被"贪婪""嗔怒"和"愚痴"三毒操纵,使人无法用头脑思考,而是依靠本能做出反应。本能地患得患失,本能地火冒三丈,本能地宣泄不满,脑中不做任何思考,而是被瞬间涌现的本能、烦恼支配着我们平日的一举一动。这就是本能,就是烦恼。

我重申一下,人类如果没有本能、烦恼,就无法生存。但是,过于强烈的本能往往滋生利己之心,也就是恶念,从而导致灭亡。无论如何,我们必须克制自身的烦恼,培养利他之心,这时我们需要的就是理性。我们必须理智地告诉自己"自私的思想要不得，应该为所有人的幸福着想"。我们应该时刻告诫自己，必须抑制本能、烦恼心，重视感谢之心，心存关爱，胸怀慈悲，除此之外别无他法。就这样，我们应该不断努力督促自己，保持利他之心。

自古以来人们常说："人需要修行。"所谓修行就是告诫自己"要抑制利己心，发挥利他心"。这一努力的结果就是你将获得"很有修养""十分精进"的评价。

英国的启蒙思想家詹姆斯·艾伦曾经以"庭院"比喻人的心灵。他说道，如果不时时耕耘心灵的庭院，庭院中就会落下无数杂草的种子，在不知不觉间变得杂草丛生。如果想要心灵的庭院绽放芬芳的花朵，就应该勤于翻耕，种下美丽花朵的种子。

也就是说，如果放任心灵的庭院荒芜，庭院中自然会长满繁茂的杂草——"烦恼"。因此，要时时清除"烦恼"这一杂草，在院中播下诸如利他之心、充满关爱的慈悲之心及感谢之心等美丽花朵的种子。当然，不是播下种子就足够了，还需要坚持耕耘，细心护理，否则"烦恼"的杂草又会长满院子，而好不容易栽下的美丽的"利他"之花却枯萎而死。因此，需要时刻守护心灵的庭院，让利他之心绽放，我想借詹姆斯·艾伦的话，表达抑制烦恼、心存善念对人生的必要性。

抑制利己心，平时注意敦促自己努力培养利他心和感谢之心。这些话在场的各位都能理解，但真正培养利他之心却绝非轻易之事，必须不断付出努力。

"心怀利他，勤奋刻苦"必将改变人格，给人带来幸运。

时刻告诫自己抑制利己，心生利他，只要这样持续努力下去，人格就会得到改善，人也会变得令人如沐春风，还会得到周围人的评价"这个人与10年、20年前简直判若两人"，甚至连面相都会发生变化。

人的容貌是天生的，但相貌、表情却在不断变化。相貌是心灵的镜子，如果时刻塑造、美化心灵，相貌也会变得美丽起来。

人格变了，大自然也会伸出援助之手。不知什么原因，年纪大了，我变得连虫子也不忍心杀死。一般人家里发现蟑螂，都会挥舞着笤帚拍打，我却下不了手。不仅蟑螂，我连蚊子也不忍心打死。如果蚊子来吸我的血，"去！到一边去！"我最多挥挥手将它赶跑。我家周围自然环境比较多，常有山蜂之类的飞来。园艺师说"这些山蜂很危险，要马上把它们赶走"，但当它们飞到我身边时，我既不驱赶，也不躲闪，而它们也从未伤害过我。

还有，夏天外出时，有时会突然遇到雷阵雨，而我却满心欢喜。在毒辣的日头的照射下，沥青缝隙间长出的野草因为缺水而垂头丧气，正在这时，突然天降甘霖，我似乎能听到野草欢乐的笑声。在我正打算出门的时候遇到骤雨，本来对我来说很不方便，但因为听到植物欢喜的声音，我不禁感叹"下雨真好啊"。

一个人只要时常告诫自己抑制利己心，发挥利他心，他的人格就会逐渐改变。同时，他还能得到自然和宇宙的帮助，这并不是什么超能力或超自然现象，只是人在现实中的运气会逐渐好转。以前常常遭遇失败和障碍，如今却变得顺利起来。一个人的人格发生变化，运气也会随之而来。

企业经营的第三个关键之力虽然和第二个力一样是他力，却非人类之力，而是宇宙、自然之力。我们必须得到这种力量的支持，获得幸运的眷顾，而幸运来自努力。有的人总是被幸运之神眷顾，并非只是因为他运气好，而是因为他拥有美丽的心灵。

小结一下今天所讲的内容，经营首先自己必须具备实力，这就是自力；第二个力属于他力，就是在获得优秀的合作伙伴支持的同时，得到全体员工的协助；第三个力也是他力，就是获得宇宙、自然的帮助。如果缺乏这三个力，就无法将企业经营得有声有色。

在资本主义社会，人们普遍认为"凭利他之心难道就能搞好经营吗？没有利己心，不可能从事企业经营"，但事实并非如此。佛教有云："自利利他。"要想自己得利，首先必须利他。不肯伸手帮助别人的人，自己也绝对不会顺利。

在制订事业计划时，我们的出发点是自己赚钱，还是让身边参与计划的人们全都获得幸福，基于这两个出发点制订的计划的发展方向截然不同。如果制订事业计划的目的是"为了大伙儿"，就能赢得他力的协助，事业也将顺利发展；如果计划的目的是为了一己私欲，那么无论计划做得多么周详、多么细致，也会遇到各种各样的阻碍，无法顺利推进。

最后，我想再次强调，即便在资本主义社会，"利他"也至为重要。

要 点

在践行"经营十二条"之前,需要模拟演算、充分探讨新业务的收益性。觉得"行得通"时,才能正式开展这项事业,这是创业的前提。

○

缺乏经营能力的人不可能成为一名称职的经营者,企业的领导者必须具备忠实践行"经营十二条"的能力。

○

经营企业需要与自己同心同德之人,尤其是副手和左臂右膀。经营企业需要合作伙伴的力量,即他力,经营者必须赢得这种力量。

○

与其独自一人背着企业经营这一沉重的包袱,弯腰弓背，步履维艰地攀爬山坡，不如把沉重的经营挂在扁担的中央，让另一个人挑起扁担的那一头，两人一起"嘿哟嘿哟"地共同经营，这样会感到轻松一些。在企业经营中，是否能得到他力的支持，是否找到和自己一起齐心协力、共挑重担之人至关重要。

○

为了让员工体会经营者的心情，理解掌握经营之舵的痛苦，唯有让他们成为部门的负责人，亲身体验经营。于是，我开始推行"阿米巴经营"，寻找对经营者的心情能感同身受、能与我共同经营企业的人。我还建立了分部门独立核算制度，把经营委托给各部门的领导者，培养经营伙伴。

○

人心一旦紧紧相连，就会成为最可靠、最美好的东西。最容易改变、最脆弱的是人心，同时最强大、最可靠、最美好的也是人心。因为我没有任何东西可以倚仗，所以只能基于心心相连的关系从事经营。

○

要想形成美好的心心相连的关系，经营者首先要将自己的想法传达给对方，不仅如此，还要敞开自己的心扉，以赢得对方的信赖。从创业时起，我一直认为，只要付出真心，以诚相待，对方也必将报以真心。

○

经营需要的第一个力是经营者自身的实力，也就是经营者的自力；第二个是他人之力，即他力；在经营的过程中，我们还需要第三个力，也是他力，这个力非人类之力，而是伟大的宇宙之力、自然之力，我们必须得到这种力的帮助。只要拥有这种力量，我们就能扭转命运，使它走向好的方向。

一个"自力"与两个"他力"

○

为了获得宇宙之力、自然之力,就必须遵循因果法则,思善行善。"善"就是感谢之心,就是对人的关爱之心,唯此而已;与之相反的"恶",就是与"利他心"相对立的"利己之心",它就是自私自利,贪得无厌的邪心恶念。只要始终心怀利他,在人生中一直抱持感谢的心态,就必定能够获得宇宙之力,得到幸运的眷顾。相反,如果自私自利,充满利己之心,无论做什么事都不可能顺心如意。

○

人生而烦恼,不存在没有本能、没有烦恼之人。但是,如果过于强调本能和欲望,就会产生利己之心,换言之,就会心生恶念,结果为自己带来毁灭。要想抑制本能和烦恼,发挥利他之心,就必须有理性,而理性的培养只能依靠平日的自我提醒、自我诫勉,除此之外别无他法。为了时刻保持利他心,我们需要不断努力，持续提高自我修养。

○

经营的第三个关键之力为宇宙之力、自然之力。得到这种力量的支持，就会得到幸运的青睐。但幸运来自努力，那些得到幸运之神眷顾之人，并不仅仅因为他们拥有好运气，还往往因为他们拥有美丽的心灵。

○

在规划事业时，我们是为了自己发大财，还是为了让身边参与该事业的人全都获得幸福，其动机不同，事业的发展也大相径庭。假如规划事业的目的是"为了他人"，就必将获得他力相助，事业也将一帆风顺。反之，倘若事业的目的是为了利己，为了自己发大财，那么无论计划做得如你周密细致，都会遇到重重阻碍，事业发展也将不如人意。

如何让企业持续发展

平和堂创业 50 周年特别纪念演讲
——2007 年 2 月 13 日

　　以滋贺县为中心的连锁超市平和堂举行了成立 50 周年纪念庆典。稻盛在董事会成员、店长、采购员等共计 600 名平和堂干部面前,讲述了为了永续发展,企业需要怎样的领导力。

有限的企业"寿命"

今天,夏原平和社长邀请我在平和堂成立50周年之际对平和堂的干部们发表讲话。

首先恭喜平和堂成立50周年。后年,京瓷也将迎来成立50周年纪念,平和堂比我们早两年迎来了这一日子。

在我27岁时京瓷成立,从那时起,我就觉得让企业不断发展壮大是一件非常困难的事。20年前,我就提出了"企业30年寿命"论,在公司内部敲响了警钟。

为了激发全体员工的紧迫感和危机感,我对他们说:"当企业成立30周年时,往往容易动摇甚至倾覆。很快京瓷即将成立30周年,我们无论如何都要齐心协力,不但不能让京瓷崩垮,还要让京瓷成为更卓越的公司。"

我担心的是我们会重蹈第二次世界大战后日本企业的覆辙。上了年纪的人都知道，日本经济在战争中遭受了毁灭性的打击，可我们的前辈从黑市买卖开始白手兴家，在他们的努力之下，日本经济得以迅速复苏及发展，期间众多著名的企业平地崛起，但仔细回想起来，其中能坚持存活30年以上的可谓凤毛麟角。

纵观流通业，平和堂的创始人兼会长和现在的第二代社长都非常优秀，所以平和堂发展得一帆风顺。但是，曾经盛极一时的八佰伴已销声匿迹；西友和西武百货也徒留其名，经营主体已经发生了变化；曾为日本超市领军企业的大荣也正在破产重建。

这种态势并非只存在于流通行业。纵观第二次世界大战后日本企业的整个发展史，战后兴家而至今依然存活并保持兴盛的企业简直是凤毛麟角。这不禁令人深深感慨，企业和人一样也有寿命，诞生、成长、兴盛，然后走向衰亡。有生必有死，有兴必有衰，这是世间的真理。

古语道，"枯荣兴衰乃世间之道。"世间不存在永恒——这是颠扑不破的规律。因此，释迦牟尼佛祖曾以"诸行无常"开示宇宙中存在的一切事物都不可能永恒不变，而是在永远变化。

不过，有的人用心保养身体，能活到八九十岁，有的人甚至能活到近百岁；而有的人不注意养生，结果刚年过半百，不，甚至更早就离开了人世。

从这个意义而言，我们虽然无法让企业永远存在、发展，但至少可以像人一样，通过仔细护理、保养，使企业的生命再持续 50 年甚至 100 年。

平和堂也迎来了 50 周年纪念庆典这个隆重的日子，此时，想必无论是会长还是社长，都希望以此为里程碑，继续用心照料，让平和堂再次发展壮大，再兴盛 50 年，继而向百年企业奋斗。

"打江山易,守江山难"

在这个难能可贵的纪念50周年演讲会上,我发表这样的观点或许有些令人扫兴,但纵观日本历史,曾一度君临天下的执政者无不倾尽全力,以求自己的江山能坚如磐石,万世荣昌。但是,能屹立数百年而不倒且没有发生大战乱的,除了德川幕府之外几无一人。在这个世界上,人人都希望自己的江山能国祚永存,可惜总是难以如愿。

同时,让我们回顾一下中国历史。约1400年前,唐朝第二代皇帝唐太宗子承父位,年纪轻轻就登基为皇帝。唐太宗深感皇帝失德将使国家灭亡,于是亲近优秀的贤臣,请他们直接指出自己这个君王的错误。这些近臣为了国家长治久安而提出的政治谏言及问答,都被记载在一本叫作《贞观政要》的书中。

该书中记载了唐太宗向近臣们提的一个问题:"帝

王之业,草创与守成孰难?"

近臣们虽然没有直接回答这个问题,却对唐太宗说了这样一番话:"莫不功成而德衰,善始者实繁,克终者盖寡。岂取之易守之难乎?"

意思是国家成功建立、兴旺发达之后,君主也好、臣下也好,德行就会不断败坏。起步好的人非常多,得善终者却少之又少。所以,建立一个国家容易,守住国家却很难。

换句话说,这些优秀的臣子们在劝谏皇帝:"陛下成功立国,但随着国家的建立,人必会志趣骄逸,德行也会逐渐退失,我们臣子也一样。然而,这么一来,必将导致国家灭亡。"

这个臣子所说的"德",在中国古典中也称"仁义"。在企业经营当中,我将其称为"哲学"。

在平和堂,我相信创始人兼会长也必定通过言传身教等各种形式,向员工讲述"企业的思维方式和经营哲学"。起初,他必定全力以赴地把这些哲学灌输给干部,然后是一线员工,使他们将之养成习惯,付诸实践,因此公司才能持续发展壮大。然而,"莫不功成而德衰",只要企业开始壮大,并持续兴盛繁荣一段时间,其品德必将逐渐褪色。

换言之,企业因为高尚的哲学而得以发展壮大,但人们在成功后却心生骄慢,贪图安逸,疏于精进,失掉谦虚之心,变得傲慢不逊,使原本以高尚哲学为基础的经营行为逐渐趋向自私自利,妄自尊大,由此导致企业逐渐沉沦,走向灭亡。

在成功之前,大家都怀着"我们理应这样做"的哲学理念,拼命努力,因此获得了成功。可一旦事业成功,企业长时间处于繁荣兴旺的状态,创业精神在不知不觉之间就会变得淡薄起来。我想,唐太宗的近臣们的劝谏正是向皇帝敲响的警钟。

我与平和堂的会长一样,年纪轻轻就成为经营者,刚开始连经营的"经"字都不会写,只因为害怕公司破产会导致员工流离失所,因此埋头苦干,拼命努力,结果京瓷不断发展壮大起来。然而,员工和干部的傲慢之心也开始初现端倪。因此,在京瓷创业20年之际,我提出了"要谦虚不要骄傲,努力努力再努力——现在是过去努力的结果,未来要靠今后的努力"这一口号。

"大家都因自己公司的兴盛而欢欣鼓舞,这无可厚非。可这些都是前人苦心经营、不断努力的结果,并不代表企业未来能够继续繁荣昌盛。企业的未来要靠我们今后的努力。"我用这些话告诫员工不要骄傲或妄自尊大。然而,类似的话说得再多也难以起到令人满意的效果。

因此,在京瓷,我的接班人——担任过社长、会长的伊藤谦介顾问在这几年一直替我在公司内部强调京瓷的创业精神，强调京瓷哲学的重要性，为京瓷员工敲响警钟。"当京瓷哲学淡化时，京瓷的生命就走到了尽头。"他反复强调这一点。必须想办法把京瓷哲学普及到普通员工当中，必须让员工共有这个哲学。他还常常向员工强调，不是仅仅知道哲学的词句就行，要努力将哲学转化为内在思想并付诸行动，将哲学血肉化，这一点非常重要。

多亏他的努力，如今的京瓷在创业50周年前夕，发起了"重新学习创业精神，并用于实践，使之血肉化"的运动。

前些日子，我听说平和堂的社长将我所著的《活法》发给了全体员工。在那本书中，针对"作为人，作为社会人，作为企业人，应该选择怎样的人生态度"这一话题，我满腔热情地表达了自己的见解。企业把这本书发给全体员工，供大家学习和应用。尽管企业发展顺利，但还想进一步振奋精神，让全体员工都具备优秀的思想。

从这个意义而言，平和堂是一家了不起的企业，今后必然能持续发展壮大。

团队领导者应有的资质

为了企业的持续成长，在企业中应当形成一种风气：从领导者到中层干部，乃至全体员工都拥有优秀的哲学思想，并能付诸实践。我认为这一点至关重要。企业的中层干部如果缺乏优秀的思维方式，企业就无从发展，搞不好，企业甚至可能破产。

事实上，大约30年前，即1975年，我40岁出头，那时正在全力以赴地经营京瓷。当时我总结出八项"团队领导人应有的资质"，期望中层干部具备这种资质。这是写给京瓷内部成员的文章。

那之后过了不久,我把拥有领导者资质的干部应尽的职责总结为"团队领导者的10项职责",我也想给大家稍做讲解。

首先是"团队领导者的资质"。身为领导者应该具备怎样的资质呢?

第一,领导者必须对自己负责的部门怀有梦想和理想。在平和堂,以掌管店铺的店长为首,店里还有从事各种职能的部门,这些部门都有其负责人,他们必须对自己负责的部门抱有梦想和理想,绝不是因为被任命为部门的负责人而茫然地率领部门,而是能够描绘对负责的部门自己持有的梦想和理想。

第二,领导者必须对负责的部门有"这样做、那样做"的明确主张,必须抱有实现部门梦想和理想的强烈信念、勇气和热情。

第三,领导者为了完成自己的职责,必须懂得把必需的各个环节进行分解及整合。虽然我对超市并不在行，但举个例子，负责鱼类的部门经营从鲜鱼到鱼干等各种产品，那么这个部门的领导必须思考怎样才能把自己部门经营得有声有色。这就要求他必须能将整个鱼类部门的职责一一分解，并能将这些环节重新整合起来。

第四，领导者必须谨慎行事，以切实完成自己的职责。这就意味着领导者应当非常细心，我经常叫这种人"谨小慎微者"。我认为谨慎小心、胆小之人比豪迈大胆之人更适合担任组织的领导者。

第五，领导者不能靠独自一人做好所担负的所有职责，领导者必须是善于用人替代自己完成职责的人。领导者必须选出自己的分身，把他们放在不同的工作岗位上。领导者必须选出与自己理念相同、具有相同的责任感、像自己一样拼命埋头工作的人，并将这些人安置在分解后的工作岗位，让他们承担相应的职责。

第六,领导者必须时常检视自己授权的"分身"是否依旧值得信赖。如果做"甩手掌柜"而导致失败,事情就会变得十分棘手。要时常确认被交托工作的人是否值得信赖,而且不能只检视一次就算了。如果因为对方很优秀,自己对他十分信任,所以不管一年还是两年都不闻不问,把一切都交给对方,这是要不得的。我们必须时常检视部下是否值得信赖。

第七,身为领导者必须赢得部下的信赖。在检视部下是否值得信赖之前,首先必须自问自己这个领导是否值得部下信赖。

第八,领导者必须对所负责的工作时刻保持挑战精神。必须积极主动,主动寻找新课题,勇敢地发起挑战。

在30多年前我40岁出头时,我在公司内部提出,拥有这八项资质的人才有资格成为团队领导。

当时我还很年轻，每天起早贪黑拼命工作，忙得分身乏术，十分渴望身边能有与自己思想相同、值得信赖的优秀部下，让他们成为自己的分身，担任各个部门的领导，协助我守护公司。我希望更多的部下能够具备这些资质，于是把干部们召集起来，反复对他们念叨"你们要具备这些资质"。

今天，我向平和堂的干部骨干们介绍"团队领导的资质"，是因为觉得你们公司的规模发展到今天这个地步，组织也不断扩大，大概你们的社长也忙得不可开交了吧。单靠社长一人绝对无法顾及终端，他需要优秀的干部成为自己的分身帮他守护企业，而这些干部必须拥有这八项资质。

领导者的 10 项职责

在对中层干部讲解了"团队领导者的资质"之后

不久，我总结了"领导者的10项职责"。如果具备上述八项素质、资质的人被选为团队领导者，那么他必须恪尽10项职责。我如今经常给大家讲"经营十二条"，但在这12条问世之前，我时常用这"10项职责"讲述企业经营的道理。

前面说过，人想长寿就必须努力保养。暴饮暴食、仗着年轻肆意挥霍健康是很难长寿的，这个道理对企业同样适用。假如一个企业今后上至领导者，下至中层干部，对我所讲的10项职责都有清晰的认识，并全心全意实现它，那么不要说50年，就是100年，不，甚至超过100年，企业也能繁荣兴盛下去。

然而，人类一旦获得成功，就会放松自我，从而淡忘自己应尽的职责。这么一来，企业就会逐渐失掉势能。因此，即使获得了成功，包括领导者在内的所有干部都必须继续明确认识自己应尽的职责。

第一项职责是明确事业的目的和意义，并向部下指明。平和堂应该也公布了自己的企业理念。

我觉得企业的目的和意义并非仅仅为了赢取成就，走上辉煌，不应仅是发展及维持企业，更关键的是让企业中的全体员工（包括正式员工、临时工、小时工等）都能获得幸福，企业必须拥有这样的目的和意义。虽然，企业的确需要追求发展和长治久安，但追根究底，其目的应是为了企业员工在工作中真切地感到"能在这家企业工作真是太好了"。

领导者必须向部下指出事业的目的和意义，比如"我们平和堂追求的目的是这个"，必须让所有人紧紧追随这面旗帜。

第二项职责是设立具体的目标，并制订实现目标的行动计划。我在年轻时，把成立京瓷的目的定为"追求全体员工物质与精神两方面的幸福"。为了实现这一目的而制定销售和利润目标，并时常满腔热情地向员工们讲述目标，不断努力。企业干部自不必说，全体员工都要共有这个目标，并为达成目标齐心协力，否则企业就不可能获得发展。

第三项职责是胸中怀有强烈且持久的愿望。设立具体目标之后，为了实现目标，必须怀有"达成目标"这一强烈愿望，并将它牢牢地铭刻在心。昼思夜想，冥思苦想，无论如何也要实现目标——心中必须怀有这种强烈的想法。在如今的"经营十二条"中，"胸中怀有强烈的愿望"之后紧接着是"要怀有渗透到潜意识的、强烈且持久的愿望"这一副标题，就是在强调愿望的强烈程度。

平和堂既然设立了具体的目标，大家就要一边怀抱强烈的"实现目标"的愿望，一边朝着目标向前迈进。

第四项职责是付出不亚于任何人的努力。随着企业的发展壮大及顺利运转，人心就会开始松懈下来。

在平和堂刚成立、企业规模不大时,往往遭受来自身边的巨型超市、地方商业街等各种竞争对手的压力,当时大家凭着一股不服输的精神拼命努力,结果企业得到发展壮大,成就了今天出色的超市集团。可与当初相比,如今大家努力的程度想必已经逊色不少。这种现象并不仅限于平和堂,京瓷公司也是如此。正因为如此,诸位领导者才必须反复检视,如今大家是否仍然在持续付出不亚于任何人的努力。

第五项职责就是具备坚强的意志。在公司又小又穷时,无论遇到多么严峻的环境,人们往往能不屈不挠,以顽强的意志奋力拼搏。然而,一旦企业发展壮大,变得富有了,人们在感到自豪的同时,意志也因为生活条件变好而变得薄弱起来。这终将使企业走向衰亡。

第六项职责就是拥有高尚的人格。企业的领导者或干部必须拥有作为人应当具备的优秀思维方式、哲学及人生观。否则，就无法赢得员工及下属的信赖，无法率领部门数十名下属，更不要提数万名企业员工。要拥有高尚的人格，必须时刻磨炼自己的心灵，充分注意自己言行，成为值得众多员工信赖及尊敬的领导。

总之，企业管理混乱、出现丑闻，这都是因为上级缺乏高尚的人格，言行举止缺乏作为人应有的标准，因此企业内部才会秩序混乱、风气败坏。从这个意义上讲，平和堂能从成立起延续到50年后的今天，大概与各位领导者时刻钻研精进、保持高尚品格是分不开的。

第七项职责是遇到任何困难都决不放弃。首先，经营要"居安思危"。在平顺安稳时，必须未雨绸缪，做好充分准备以防万一，以免遇到紧急情况时慌张失措。

然而,意外和困难总是不期而至,京瓷公司也一样。上周我去美国出差期间,鹿儿岛工厂突然发生局部火灾,遇到了很大的困难。前些日子,一个10年前售出的太阳能热水器发生玻璃板从屋顶坠落的事故,幸而没有造成人员伤亡。可京瓷必须在报纸上打广告,主动提出对太阳能热水器进行维修。

诸位有时也会遇到极其困难乃至让人怀疑企业是否还能持续下去的窘境,但身为团队领导,无论遇到任何困难,都决不能放弃。团队领导必须拥有在任何困难面前都咬紧牙关、坚决克服的坚强意志,具备打破困境的能力。

第八项职责就是关爱部下。有员工才有企业,领导者必须激发员工"只要跟着这个上司,无论怎么辛苦我都愿意"的心态。要让部下产生这样的想法,领导者就必须以关爱之心对待部下。

第九项就是持续激励部下。领导者必须不断鼓舞士气，让下属时刻充满干劲。

第十项就是始终保持创造性。一个延续了50年的企业往往会变得因循守旧。当然，过去的不少做法是企业应该且必须传承的，但故步自封会招致企业衰落。领导者必须时刻保持创新思维，刻苦钻研，在经营中不断发挥创意，否则企业就无法持续发展。干部固然需要时刻创新，企业的全体员工也必须不断从事创造性的工作。

今天在这里有数百名干部，只要大家都能拥有优秀的思维方式，在经营中不断前进，未来平和堂必将获得更大的发展。

让基层员工也产生经营者意识

我虽然对流通是个外行，说这些话或许并不妥当,但最后,我想就流通谈一谈个人看法。

包括超市及便利店在内的流通业常常依靠不断开新店来增加整个公司的营收。在刚开张时,门店业绩往往有所提升,但不久便会不断减少。于是,因为入不敷出,大家往往关闭已有的店铺,然后接连不断开设更多的新店。就这样,迄今为止,开设新店成了流通业企业寻求发展的普遍手段。

然而,我认为通过开设新店铺增加营收的企业发展模式极不健康,原因是企业不可能一直开设新店。大家必须通过改善经营,巩固既有店铺,使其销售额逐年提高。

当经营巨型流通企业时,为了让整个公司运转起来,往往需要庞大的总部机构。然而,最关键的店面顾客接待服务却大多交给临时工、小时工。同时,店面货物的销售方法、陈列设计以及热销货品信息不应只交给总部的市场、销售、采购及策划等部门负责,还应该尊重在一线直接销售货品、接触顾客的临时工、小时工的意见,这一点非常重要。

比如销售罐头这种产品,应该怎么陈列,在卖场的广告应该采用什么广告词才能打动顾客的心,这些都要咨询一线工作人员的直观感受,参考他们的意见,并根据各店不同的特点进行设计。这样一来,就连一线员工也能出谋划策,不断对卖场进行改进。

我希望平和堂用这种方式将每家门店打造得个性洋溢。即使采取共同的操作方式也没关系,但销售方式、陈列方法应当根据不同的门店而变化。换言之,大家应当鼓励门店的一线员工随时提出创造性的建议并积极听取采纳,比如用什么办法才能销售更多产品,才能给顾客留下更深刻的印象。

因此,要让包括临时工、小时工在内的门店全体员工都逐渐形成经营者意识。换言之,让他们在工作中产生"这是我的店铺""我的生意"的主人翁心态,这一点十分重要。而且,要让他们把货品的销售方式、陈列方式、宣传海报的张贴方法及对产品陈列促销的办法等意见,提交给总部的采购负责人及管理干部。如果他们提出"我们店这个季节用某价格采购某货品的话,就能卖得好得多",那么就必须将这个意见提交给总部。

这就是说,身居一线、每天更替补充货品、整理货架的店面工作人员不应只知执行总部的指示,还应当带着"这是我的生意"的主人翁精神工作。我认为,如果门店如果缺乏具备这种意识的人,销售额将很难得到提升。

在大荣陷入破产危机时,我从旁看到这种情景,不禁想:"为什么会变成这样。"虽然我是一个外人,但仍然对它们很是担忧。星期天,我和妻子一起开车到近畿的几家大荣购物兼观察情况,发现即便同为大荣，但不同的店面气氛却大相径庭。大概每家店的运营风格随着店长的人格而各有差别，其中差别最为明显的是店员的服务态度。

我想，大荣之所以经营不善，大概是因为根本没有做好员工教育。当然，我说的员工的教育并非那种机械呆板的规则培训。领导应该抛弃那些死板的规矩，站在最前线，以身作则，告诉临时工及小时工："各位是销售货物给顾客的人，希望你们把自己当作店长，以主人翁精神对待工作。"这些员工有家庭也有孩子，他们或许不得不考虑各自的实际情况，但在店里工作时，不应只让他们做一些摆放货物等粗浅的工作，而应激发他们的主人翁意识。让他们将店里的工作真正当作自己的生意，促使他们在摆放货物时，主动思考在路过的顾客眼里看来"更好""更美观"的陈列方法。对员工、临时工及小时工应该采用这样的教育方法。

在店里，员工的笑容非常重要，像这种东西，在机械教条的培训中是不会教的。身为上级，不能只会命令临时工、小时工作业，而要时刻以身作则，用自己的服务态度做出榜样，明确地告诉大家："不好意思，请这样接待顾客。"这么一来，店里的气氛就会发生180度的转变，进而请员工对店铺运营提出有建设性的建议。

大荣在被银行监管时，许多银行的人到我这里来咨询意见，当时我对他们说："虽然我并不太熟悉流通业，但我觉得它的经营并没有那么困难。在重建时，激发各店的临时工、小时工，让他们振奋起来，请他们站在经营者的视角提意见，让他们带着'这是自己生意'的主人翁感工作。只要做到这一点，我想大荣就能复活。当然，卖什么样的货品，以及用什么价格采购，这些是专业人士的工作，不能单单听取员工的意见，但在商品的销售方法、陈列方式等方面，应该听取他们的意见。我想，大荣经营不善的原因正是失掉了维持店铺运转的基层员工的心。"

虽然我对流通业完全是个外行，但我认为，基层工作者的人心是极其关键的要素。

不忘创业精神

还有两年，京瓷就要迎来成立50周年的日子。届时，我一定会将今天的讲话再讲一遍。

有生必有死，有兴必有衰，盛衰荣枯是自然规律，也是宇宙真理。但是，辛辛苦苦创业，企业好不容易走到今天，哪怕一年也好，两年也好，我们必须让企业尽可能活得更好更长久，守护企业员工的幸福。

而且，企业担负着巨大的社会使命，必须对本地区做出巨大贡献。因此，搞好平和堂的经营，保持企业繁荣兴旺,不仅对员工,对地方社会也极具意义。

流通事业具备这样的社会意义,而今天在场的干部都是这一事业的负责人及策略制定者。大家务必牢记,当年企业还弱小时,以会长为首的创始人及诸多元老的拼搏精神,使企业得以发展。换言之,即使在今天,大家也要重温过往的创业精神,持续付出更大的努力。只要能这么做,未来平和堂必将获得更大的发展。

正如我前面所说,望各位戒骄戒躁,一如既往、脚踏实地、扎扎实实地经营,时刻保持谦虚的态度。

要 点

企业不可能永远存在、发展。然而,如果像人一样,对企业精心保养,细心呵护,它不但能够存活50年,甚至再多活50年甚至100年也不成问题。

○

以优秀的哲学理念经营企业,企业就会发展壮大。可一旦成功,人们往往居功自傲、自高自大、贪图安逸、心生懈怠,逐渐失掉谦虚的美德,变得傲慢起来。与此同时,过去基于出色经营哲学的企业经营也逐渐沦落为自私自利,以自我为中心,导致企业逐渐走下坡路,走向灭亡。

○

"我们理应这么做"——因为有了这样的哲学,企业才会获得成功。然而,一旦企业成功发展,经营一帆风顺,创业精神就会在不知不觉之间变得淡薄起来。

○

为了企业持续成长发展,从领导者到干部骨干乃至到全体员工,都必须拥有优秀的哲学,并能将之付诸实践。在企业内部应当树立起这样的企业文化，这一点至关重要。如果企业中的干部骨干无法成为优秀的人，企业就无法持续发展，搞不好甚至会破产。

○

团队领导者应有的资质

第一，领导者必须对自己负责的部门怀有梦想和理想，并能够用自己的方法描述出来，而不是漫无目的、浑浑噩噩的部门领导者。

第二，领导者必须抱有实现部门梦想和理想的强烈信念、勇气和热情。

第三，领导者为了完成自己的职责，必须懂得把必需的各个环节进行分解及整合。为了让自己的部门保持出色的状态，应该做哪些事情，领导者必须对整个部门的职责进行分解和整合。

第四，领导者必须行事谨慎，以切实完成自己的职责。换言之，领导者必须具备细心谨慎的特质。比起粗犷奔放、豪迈胆大之人，细心谨慎、谨小慎微之人更适合担任团队领导。

第五，领导者不能靠独自一人做好所担负的所有职责，领导者必须是善于用人替代自己完成职责的人，也就是自己的"分身"，把他们放在不同的工作岗位上。因此，领导者必须选出具有与自己理念相同、有同等责任感并同样尽心尽力工作的人，并将他们放在不同的岗位上，让他们承担被分解的相应职责。

第六，领导者必须时常检视自己授权的"分身"是否依旧值得信赖。把工作全部委托给下属，一旦失败，事情就会变得十分棘手。领导者需要时常检视委任的下属是否仍然值得信赖，而且不能只检视一次。即使对方十分优秀，也不能一两年不闻不问，听之任之。

第七,身为领导者必须赢得部下的信赖。在检验部下是否值得信赖之前,应该首先扪心自问,"自己是否值得部下信赖"。

第八,领导者必须对所负责的工作时刻保持挑战精神。必须积极主动寻找新的课题,勇于发起挑战。

○

领导者的 10 项职责

人一旦取得成功,就容易逐渐丧失紧张感,淡忘自己应尽的职责。这么一来,企业就会失掉势能。即使获得成功,包括领导在内的企业干部也要持续清楚地意识身为领导者应尽的职责。

第一项,明确事业的目的和意义,并向部下指明。企业的目的和意义不能单纯为了企业发展壮大,也不能仅仅为了使企业的昌隆兴盛、长治久安,最关键的是要让包括正式员工、临时工、小时工在内的全体员工幸福。企业应当让员工为自己能在这样的企业工作而感到自豪。

第二项，设立具体的目标，并制订实现目标的计划。我在年轻时，就决定将"追求全体员工物质与精神两方面的幸福"作为京瓷公司成立的目的。为了实现这个目的而制定销售和利润目标，为了实现目标，我经常热切地向员工讲述目标，并不断付出努力。干部自不必说，还必须将目标与全体员工共有，让所有成员为了实现目标同心同德、齐心协力，否则公司就无法持续发展。

第三项，胸中怀有强烈且持久的愿望。为了实现设定的具体目标，必须将目标转化为强烈且持久的愿望，铭刻在心。昼思夜想，心中要抱有"无论如何也要实现目标"的强烈愿望。在如今的"经营十二条"中，"胸中怀有强烈的愿望"之后紧跟着"要怀有渗透到潜意识的、强烈且持久的愿望"这一副标题，强调的就是愿望的强烈程度。

第四项，付出不亚于任何人的努力。一旦企业走上正轨并开始顺利发展，人心往往会变得松懈。在企业规模尚小时，人们往往能战胜来自大公司等竞争对手的压力，拼命努力，因此企业获得成长。然而，一旦企业有所起色，人就会逐渐放松努力。正因为如此，领导者需要反复检视大家是否还在"持续付出不亚于任何人的努力"。

第五项，具备坚强的意志。在公司又小又穷时，无论面对多么严峻的环境，人们往往能不屈不挠，坚韧不拔，奋力拼搏。可一旦企业发展壮大，变得富有之后，人们在为成就自豪的同时，往往由于生活条件变得优渥而逐渐丧失意志，导致企业走向衰落。

第六项，拥有高尚的人格。企业的领导者及骨干如果不具备做人的优秀思维方式、哲学及人生观，就无法赢得下属的信赖，从而无法带领数十人的下属，更无法领导数万员工。为了拥有高尚的人格，领导者必须时刻注意自己的言行举止，磨炼心性，以赢得众多员工的信赖和尊敬。

企业管理混乱、出现丑闻，是因为身为上级的领导者缺少高尚的人格，言行举止有失做人应有的准则，由此导致企业内部秩序混乱、风气败坏。从这个意义上讲，企业成立时间越长，领导者越应该时刻钻研精进，保持高尚的品格，这一点极其重要。

第七项，遇到任何困难都决不放弃。正所谓"居安思危"，在一切安稳顺利时，就必须考虑到万一的情况，未雨绸缪，有备无患。如此一来，当遇到紧急情况时，才不至于惊慌失措，手忙脚乱。有时，我们会遇到极其艰难的时刻，甚至令人觉得无法坚持经营下去。然而，身为领导者必须具备坚强的意志，无论如何也要咬紧牙关，克服困难，同时具备摆脱困境的能力。

第八项,关爱部下。有员工才有企业。让员工在工作中产生"只要跟着这个上司,无论吃多少苦我都愿意"的心态,这非常有必要。为此,领导者必须以关爱之心对待部下。

第九项,持续激励部下。领导者必须做到持续激励鼓舞士气,让部下时刻充满干劲。

第十项,始终保持创造性。一个企业成立时间长了以后,往往趋于一成不变,因循守旧。虽然过往积累的经验有不少可取之处,但千篇一律的工作往往招致企业衰败。必须时常刻苦钻研,持续创新,在此基础上从事经营,否则企业就无法持续发展。干部自不必说,全体员工也必须不断从事创造性的工作。

经营的三个要诀

盛和塾全国发起人会议塾长讲话
——2008年4月9日

"全国发起人会议"是一年一度各地盛和塾代表(发起人代表)齐聚一堂的报告会。在本次报告会中,由于不少经营者不懂得经营的窍门(要诀)而陷入困境,因此稻盛先生讲解了在盛和塾中应该学习的"经营三要诀"。

学习"经营要诀"的意义

许多经营者在经营企业时，并不明白应该如何经营，换言之，他们并不懂得经营的窍门。因此，不少企业在刚起步时经营得有模有样，但不久便破产倒闭。有多少家新成立的企业，就几乎有多少家倒闭，这种现象意味着不懂经营的经营者为数不少。而子承父业、对经营一窍不通、完全依靠惯性维持企业运转的经营者更是占了绝大多数。

打个比方，最近我在某个地方听到一件令我非常吃惊的事。一个饭店的经营者来跟我打招呼："我们快倒闭了，可能会给您带来不便，十分抱歉。"我打听了一下，据闻这是一家风评不错的餐饮企业，在关西大概有六七家店。我不禁疑惑：这么兴旺的餐厅为什么会陷入破产危机呢？一问之下果然不出所料，这家餐饮企业的经营者并不懂得经营。

"既然餐厅的食物美味,顾客评价也不错,生意兴隆,为什么还会陷入破产危机呢?"当我一问,才发现这家餐厅虽然口碑不错,经营者也十分努力,但对"如何在保证好评的前提下控制成本"这件事上毫不关心,因此给厨师的报酬远远超过了这家餐厅应有的水平。当然,有好的厨师才能做出美味的料理,但即便饭菜可口,如果不考虑成本最后只能导致入不敷出。

那位经营者这样说道:"其实我对数字完全不敏感,财务全部委托给税务师,由他们制作利润表,我只要从他们口中知道'这家店经营得很好,那家店不行'就足够了,至于数字代表着什么含义,我根本不了解。"

也就是说,那位经营者看不懂利润表。虽然看不懂数字,他却从银行贷了好几个亿,连续开了六七家气派的餐厅。银行分行长也频频来访,可就在这样的形势下,身为关键决策人的经营者竟然对数字一无所知,盲目经营。

我经常光顾的寿司店也存在同样的情况。那家店的寿司师傅技术并不熟练,雇用的临时工也不机灵,手脚笨拙的寿司师傅常常抱怨笨手笨脚的临时工。看到这副情景,我心想,"这样子可不行",结果一问,不出所料,那家店经营得并不太好,一直亏损,欠了不少债。虽然那家店门面气派,装潢精美,老板却根本不懂得怎么经营。从上面的餐饮企业和寿司店的例子来看,经营企业并不是单单做出美味的食物就够了,也不是裁减员工就能解决问题的。

既然我们身为企业经营者,如果不了解经营的诀窍,就很有可能将企业带入歧途。为了避免这种情况出现,我才成立盛和塾,向经营者传授"经营要诀"。

然而,有的人难得入塾且待了五年之久,还完全没有掌握"经营要诀",有的人觉得在盛和塾的学习对自身经营没多大帮助，感到入塾没有意义，于是选择离开。

一方面，一些人就这样两手空空地离开；另一方面，有些人误以为盛和塾是青年会议所之类的机构，以为"这里的核心人物是鼎鼎有名的稻盛和夫，只要加入就必定能得到好处"。结果入塾后才发现，非但没有任何实质的好处，还要交纳会费，于是觉得自己受骗上当，愤然离去。就这样，盛和塾里有些人别说经营诀窍，什么都没有学到，最后只得离开。

因此，今天我想重新给大家讲一讲在盛和塾应学习的三个"经营要诀"。

经营要诀一：让员工迷恋社长

无论是中小企业还是大企业，在经营中最重要的就是让员工迷恋社长，在人与人之间建立起一体感，这是经营的第一个要诀。

京瓷的经营理念是:"追求全体员工物质与精神两方面幸福的同时,为人类社会的进步发展做贡献。"这一理念诞生的机缘是京瓷成立的第三年,11名新进入公司的高中应届生发起的"反叛"事件,这个故事已跟大家讲过许多次。

这些员工联合起来与我谈判,提出"薪水要涨到多少多少,奖金要涨到多少多少"。我用了整整三天三夜说服他们,也因此最终得出了企业的目的,即经营理念。这个理念的核心就是"追求全体员工物质与精神两方面的幸福"。

京瓷不是为了股东,也不是为了经营者而成立的,其成立的首要目的是为了员工。我这个经营者为了员工奋斗拼搏,因此大家也应该跟我来——这是我身为经营者的心愿。

当时京瓷还是中小企业，虽然无法支付足够的加班费，却要求员工工作到很晚，有些员工便开始抱怨。对那些人，我干脆利落地说："既然如此，你可以去找自己喜欢的公司。我们的公司现在刚刚成立，经营基础还很薄弱，因此为了营造员工能够安心工作生活的条件，大家正在齐心协力，拼命努力，而你却一味强调个人待遇。我们不需要你这种员工，你干脆辞职吧。"是那些表示"我愿意跟着你一起努力"的人，即迷恋我的人，引领企业不断发展。

越是中小企业，越需要让员工迷恋上社长，越需要建立牢固的人际关系，促使员工产生"只要跟着社长，什么苦都肯吃"的想法。为此，我时常告诉大家要举办"空巴"⊖。然而，如果单纯是吃吃喝喝，空巴就毫无意义。我的说法或许不太妥当：如果为了让

⊖ 稻盛和夫先生自创的、有利于形成集体感的酒话会。——译者注

社长高兴,一个月举办一次空巴,大家一起喝喝烧酒,美餐一顿,这样的做法是不行的。

过去,我经常在空巴中唱军歌。在《爱马进军歌》中,有"哭泣着喂草"这么一句歌词。这句歌词的意思是即便自己还饿着肚子,也要先喂饱同甘共苦的军马。经营者只要通过类似的行为将自己的想法传递给员工,员工就会乐意追随左右。

在经营之初,不需要做任何复杂的事。首要的是让自己的部下产生"跟着这个社长,什么苦都肯吃"的想法。即便有时经营者提出一些"强人所难"的要求,员工也毫不犹豫地说:"好的,社长。我会跟着你干。"与员工建立这种关系是经营的首要条件。

与此相反,"一个烂苹果坏一整箱好苹果",企业中只要有一个人不愿与别人同甘共苦,过不了多久,整个公司就会出现问题。一旦遇到这种人,要与之彻底沟通,如果最后还是无法达成共识,就应该分道扬镳。

或许有人会批评:"这样一来,社长身边岂非都是阿谀奉承之人?"这个说法并不正确。在创立京瓷时,我对经营一无知识,二无经验,同时还没有充裕的资本和高超的技术。尽管我们一无所有,却能一直生存至今,原因无他,全靠全体员工同心同德、齐心协力,因为我们从不需要唱反调的人——我就是用这个办法经营企业的。

再强调一次,经营中首要的课题是塑造与自己心心相通、愿意和自己甘苦与共的员工。要做到这一点,经营者自身必须敞开心扉,关爱员工。真正优秀企业的优秀经营者,能让做临时工的大妈都被他的人格魅力所倾倒,她们看到出工不出力的年轻员工就会说:"你这样不行,得加油干!"这使得那些年轻员工尴尬狼狈。社长与员工心连心,企业内部就会充满活力,经营就能顺利展开。

经营要诀二：仔细查看月销售额及费用

在建立心有灵犀的关系之后，接下来必须做到的是"仔细查看月销售额及费用"。

盛和塾中也有不少从事会计师、税务师工作的塾生。我希望这些塾生在帮助客户从事企业会计或财务工作时，也能发挥些许经营顾问的作用。也就是说，我希望他们能将自己在盛和塾中学到的哲学及经营要诀传递给自己的客户，这不仅会对他们本身的业务有所裨益，还能"为社会为世人"做贡献，是一件大好事。

关于财务会计，我在《稻盛和夫的实学》和《阿米巴经营》这两本书中做了详细阐述，但有些地方单靠读书可能无法理解，比如对利润表的看法，就需要向会计师、税务师请教。

众所周知，利润表中有销售额这一科目，而销售额又需要按类别分开。打个比方，酿酒业的销售额中，如果分烧酒、红酒和下酒小菜，那么就要在销售额这一栏具体划分品类，体现各品类的营收。

同时，伴随销售而来的就是费用，费用是另一个科目。对费用不能做笼统的记录，只看加起来的总数，而必须把费用一项项细细分开。请会计师每月制作这样的利润表，这十分重要。

通过查看月度利润表，就能践行我常说的"销售最大化、经费最小化"。如果销售额比上个月减少，就要考虑"这样下去可不行。为了让业务部更加努力，我必须冲在一线，帮助提升销售业绩"。同时，为了实现费用最小化，需要知道应该削减哪些费用，这就需要对各项费用的具体情况了如指掌。比如原材料费和电费，极端一点的话，应该把这些费用的具体内容详细分项罗列，以看清"这个月这一项费用花费过多，下一个月需要进行削减"，从而采取具体措施，达到削减费用的目的。

提升销售额,削减费用,这不是社长一个人就能够完成的工作。事实上,社长不可能了解每天的营收和费用细节。每天掌握着现场的收支状况,能对实际提升销售额、减少费用发挥积极作用的是现场的每一位员工。

当经营者发现"这种产品销售太低",就必须及时吩咐销售主管:"上个月这个产品的销售额太低,没有赚到多少利润。你要加油,多争取两成的订单回来。"

就像前面所讲的,如果社长与员工之间建立起"一心同体"的关系,那么当社长提出这种要求,员工就会爽快地答应:"明白了。我会想办法推销,多争取一些订单回来。"同时,当生产费用太高时,社长应当对现场的员工及时指出:"花这么高的费用可不行。你们再想想办法,把费用减下来。"如果还是减不下来,到了月底,社长就要对员工进行严厉的批评。员工被批评之后也不生气,而是回答:"是,我知道了。"然后继续努力想办法,彻底削减费用。但是,如果社长与员工之间缺少一体同心的关系,就很难做到这个程度。

如上所述,经营企业首先要与员工构建紧密的关系。接着就是会计。中小企业的财务体系往往并不健全,因此常请会计师每月代为制作利润表,这也没有关系,但需要注意提供完整的票据。当出现诸如购买物品等资财流动的情况时,必须一一附上相关票据,我将其称为"一一对应"。像这样,把开出的票据交给会计师,请他制作出准确的利润表。

在这里,关键的是出报表的速度。如果月底截止统计,一个月后才出利润表,那么也就不需要会计师了。月底统计数字,最迟数日后就必须做出利润表。然后召开会议,比照利润表,与员工一一核对科目情况，彻底商讨对策——"这里应该这么做，那里应该那么做"。经营者要每月以这种方式，与那些有相同思维方式、尽心尽力的员工一起共同讨论。

无论多忙，无论会议再多，经营者在一个月的头两三天，最迟一周之内，应该自己先仔细地查看上个月的利润表，然后与干部一起讨论、反省。如果有问题，却不能及早研究，就无法采取恰当的改善措施。一个月只有四周，既然第一周花在分析研讨上，就必须在余下三周完成月度目标。因此，再强调一下，必须在月底收集好数字，在次月的第一周尽早制作好利润表，并对该表进行分析研究，检视哪些地方做得不够，哪些地方存在问题，接着告知员工如何改进。同时，还必须做出具体指示，比如"把这个品类的销售额提升多少，把这一项费用削减多少"。

如果能做到这个程度，经营必将走上正轨。只要能与员工形成默契，并且掌握每个月的数字，就不会像前面所说的餐饮企业经营者一样,即使开了六七家餐厅,生意兴旺,也不得不关门大吉。

经营要诀三:共有哲学

第三个要诀是在全体员工当中共有哲学。哲学,就是指思维方式。而思维方式又是指什么呢?它就是指一个人的判断基准。

我持有这种思维方式,对照这种思维方式,判断这件事这么做不行,那么做行。思维方式就是人格。经营者如果始终坚持正确的判断不动摇,员工便会逐渐形成相同的判断基准。这些判断基准是基于什么而形成的?正是哲学。因此,在所有人中共有哲学非常重要。

有些塾生在自己的企业中召开"京瓷哲学学习会",大家一起学习哲学。哲学成了每个人的判断基准，整个企业的力量自然就会汇集到同一个方向。

全体员工都为经营者的魅力所倾倒，大家都持有相同的思维方式，要做到这一点，哲学共有非常必要。就是说，这第三条又返回到第一条，让员工迷恋你、钦佩你，为你的魅力所倾倒，成为你的同志。员工与经营者志同道合，心气相通，劳资关系如同大家庭，企业一定能顺利发展。

只要按照上述三个要诀——"让员工迷恋上社长""仔细查看月度销售额与费用""共有哲学"，依次实践，经营必将变得顺利起来。无论是中小企业还是大企业，都能利用这三个要诀经营好企业。所以可以说，这三条就是企业的"经营要诀"，除此之外别无窍门。

坚持以谦虚的态度实践三个要诀

然而，即便在盛和塾中，随着学习会的不断开展,有的塾生却把企业经营想得越来越复杂。他们学习过了头,只顾积累知识,形成了一家之言。然而,他们却不能将知识应用于实际,落实到自己的经营实践中去。这样的事例十分常见。其实,只要将上述三条融入血肉,换言之,只要将这三条变成自己的东西,在每天的经营实践中落地,这就足够了。经营者也好,员工也好,只要实践这三条就行了。

要把经营诀窍血肉化,转化为自己的东西,唯有一而再再而三地实践,重复再重复。刚学到一点皮毛,就认为"我学了一年哲学,接下来要学更高境界的东西",于是开始阅读晦涩难懂的哲学书籍,积累大量知识,也开始有了自己的见解。然而,这些知识决不属于自己。仅仅"知道",拥有单纯的"知识"是不够的,还必须具备信念,将"知识"提升到"见识"的水平;不,即便有"见识"还不够,还必须不畏任何艰难阻碍,勇于执行,将"见识"提升到"胆识"的境界。"胆识"是指把"知识"转化为自己的东西,要做到这一点,唯有反复实践。

不坚忍不拔地学习,也不实践。换言之,只让自己的理解停留在知识层面,这样的话,即使在盛和塾里待的时间再长,经营业绩也不会有所长进。

抱歉,这些话听起来像是王婆卖瓜,但我的确是谨守朴实的哲学,坚持实践而走到今天。或许这些哲学看似幼稚,但我却在每天的实践中,将它们作为判断基准沿用至今。正因为如此,京瓷的经营至今仍然井然有序,企业也在持续发展。

京瓷明年(2009年)即将迎来公司成立50周年的日子。50年来,京瓷无论是销售额还是利润都一路高歌猛进,这是因为我们愚直地践行朴实的哲学。不忘谦虚,竭尽全力按照朴实的哲学行事,京瓷才能获得今天的成就。

有的中小企业的经营者读了我的书之后,开始变成"哲学家",满口都是高深莫测的话语。在演讲时也是如此,满嘴滔滔不绝,讲的都是深奥晦涩的东西。这种人的企业基本没有发展,成长到一定程度后,便停滞不前,然后业绩逐渐滑落,原因是他们只用头脑理解盛和塾传授的东西。

想要将"经营要诀"融会贯通,转化为自己的血肉,使之在经营实践中发挥作用,就必须愚直地反复学习,这一点十分重要。一旦滋生傲慢之心,企业也好,人生也好,都必将走向没落。

《易经》有云:"月盈则亏。"当月亮变得盈满之时,就必将走向亏缺,这是大自然的规律,非人力所能改变。所谓的"满",就是指傲慢、骄傲自满。无论你的企业多了不起,无论你多么赫赫有名,都必须做到不忘谦虚,时刻与盛和塾的伙伴们互相切磋琢磨,持续付出努力。通过这种方法,延缓自己成为"满月"

的时间。如果过早成为"满月",那么等待着你的就是"亏缺",而一旦走上亏缺之路,就很难再停住没落的脚步。

把"经营要诀"传播给更多的经营者

如今,许多年轻人都在创业,可即便成立了公司,不出5年、10年,大部分都会纷纷倒闭。即便没有倒闭,也不得不挣扎在存亡的边缘。其实,如果他们在盛和塾中学习今天所讲的这三条经营要诀,就可以把企业经营得有声有色,让员工满意。真的非常可惜。

我一直觉得,只要像这样在盛和塾里传授经营哲学,就必定能改变这个社会,所以如此苦口婆心,孜孜不倦。为了帮助世间的中小企业经营者,我告诉大家什么是经营,怎样才能经营好企业。有些发起人也提出，"希望更多的塾生加入盛和塾"。如果年轻塾生或新塾生进来，希望大家务必把我今天所说的三条经营要诀传授给他们，使更多人通过实践，切实地获益。

同时，在塾长例会的空巴中，常听到大家说"如果没有加入盛和塾，我也不会有今天的日子。加入盛和塾真的太好了"之类的话，每当此时，我内心都会感到无比欢喜。每当听到有人说"我过去不懂经营的诀窍，但加入盛和塾后茅塞顿开，全副身心投入工作，经营也开始有了起色，逐渐变得健全起来"，我就感到特别欣慰。我衷心希望塾生及社会上的经营者都能如此学习经营。

然而，将马牵到水边，让它饮水，但有许多马连自己是否口渴也不知道，所以即使有甘甜的水，它也不肯喝。

开头讲述的那位餐厅老板和寿司店老板就明明渴得喉咙生烟，也不肯喝水。他们既不懂核算成本，也不知道如何用好员工，或简单粗暴，或像触摸脓包一样小心翼翼，或生怕批评员工就会遭到抵制，或只会施以小恩小惠，只会构建这种低水准的人际关系。不懂如何用人，看不懂利润表，连每天是盈是亏都不晓得，更不懂得"共有哲学"。可尽管如此，他们还是自认为在从事"经营"。

其实，只要领会这三条"经营要诀"并付诸实践，就能简单做好经营，但许多人却不晓得。因此，把经营诀窍传授给这些人，这就是我坚持主持盛和塾的理由。

因此，听到前面所说的餐厅的事，我恨不得去那家餐厅待上一个月，帮他经营。如果有孙悟空一样的分身术，我或许真的会这么做。

虽然自己企业的事务也很繁忙，但在座各位作为各分塾的负责人尽心尽力照顾新塾生,这种高尚的利他行为必将为大家带来回报,为诸位的企业及人生带来幸运。

要 点

经营中最重要的是让员工迷恋社长,在企业中构筑具有一体感的人际关系。

○

经营者要通过传递自己的思想,吸引员工追随左右。要让部下产生"跟着这个社长,什么苦都肯吃"的想法,就需要与员工构筑起这样的关系——即使社长提出稍微"强人所难"的要求,员工也能毫不犹豫地回答"好的,社长。我会跟你干"。

○

一个烂苹果坏一整箱好苹果。企业中只要有一个人不能与所有人同甘共苦，不久整个公司就会出现问题。遇到这种人，要先与他彻底沟通，如果最后还是无法达成共识，就应该分道扬镳。

○

经营的首要工作就是塑造与自己甘苦与共、心灵相通的员工。要做到这一点，经营者自身必须敞开心扉，关爱员工。

○

利润表中的销售额应当按品类分开，使其中的具体内容变得明确清晰。伴随销售而产生的经费也应当细分。经营者应当通过参照月度利润表，切实践行"销售最大化、经费最小化"。

○

增加销售、削减费用不是社长一个人的工作。事实上，社长不可能一一把握每天的销售及费用细节。

日日掌握收入开支，做到增加收入、减少开支的，是每一个身居一线的员工。

○

如果在月底统计经营数字，那么最多在数日后，就要制作出利润表，然后举行会议，与员工一起一一核对利润表中的所有科目，彻底探讨"这里应该这么做，那里应该那么做"。经营者应该每月与拥有相同思维方式、尽心尽力的员工一起进行这样的讨论，这一点十分重要。

○

要在每个月的第一个星期将上个月统计的数字尽早做成利润表，根据这个报表，发现哪里做得不够，哪里存在问题，然后具体指出需要改进的地方。对员工的指示必须详细具体，比如"这个品类的销售额要增加多少，这个项目的费用要减少多少"。

○

只要经营者的判断基准始终如一，员工就会逐渐形成相同的判断基准，而哲学、理念就是形成判断基准的基础。与所有人共有这些哲学理念至关重要。

○

为了将经营的诀窍融入血肉，转化为自己的东西，唯有一而再再而三地实践。仅仅"知道"，拥有单纯的"知识"是不行的，必须坚定信念，将"知识"提升到"见识"的程度；不，单有"见识"还不够，必须不畏艰难险阻，勇于执行，将"见识"提升到"胆识"的境界。

以德为本的经营

中日经营者交流论坛演讲
——2007年7月5日

中国天津举办了一个以"中日企业家交流论坛——建设和谐企业"为题的论坛。本论坛是在中国国有企业天津市一轻集团总经理林永宁先生的发起下举办的。林先生在1990年接触了稻盛哲学，开始以经营理念为中心开展经营。

稻盛率领190名盛和塾塾生参加了这个论坛。本次演讲是稻盛在随行的四位塾生进行经营体验发表后所做，在当地媒体中也取得了较大反响。

孙中山的"王道"与"霸道"

今天,我打算以"以德为本的经营"为题,给大家讲一讲我在这半个世纪以来经营体会。

凝聚一个组织,一个方法是"以力治之",这也是政治及外交上常见的手法;另一个方法是"以德治之"。换句话说,治理一个集团,有基于品德的"王道"及基于力量的"霸道"两种方法。

说起"王道"与"霸道",令人不由想起民国之父孙中山于1924年访问现在天津的姐妹城市日本神户时所做的演讲,其中有一段关于"王道"和"霸道"的论述。

日本在日俄战争中获胜后,在第一次世界大战中成为联合国组织成员。从那以后,日本国内政策日渐向帝国主义倾斜。同一时期,孙中山已经发动了革命,推翻了清政府。为了建立新中国,他到日本访问，寻求友人的支持。当时，他向日本人提出问题："西方的物质文明是科学文明，是崇尚武力的文明。欧洲人用这种武力文明压迫亚洲，用中国的古话说是一种'霸道'文化。但东洋还有一种更加优秀的文化，那就是'王道'文化，这种文化的本质就是仁义道德。""你们日本民族既引进了欧美的霸道文化，又拥有亚洲王道文化的本质。从今以后，日本对世界文化的前途，究竟是做西方霸道的鹰犬，还是做东方王道的干城（护盾与堡垒），就由你们日本国民去详审慎择。"

遗憾的是，日本把孙中山的忠告抛诸脑后，一头扎进了霸权主义和富国强兵之路。然后对以中国为首的亚洲各国发动侵略，给这些国家带来巨大的灾难，给这些国家的国民带来了巨大的伤亡，导致他们的大半国土化为一片焦土，陷入一派凄惨的景象，直至1945年日本无条件投降。

孙中山所说的"王道",就是以"德"为基础的国家政策。自古以来,"德"在中国体现为"仁""义""礼"三字。"仁"即慈悲之心,"义"即符合道理,"礼"即注重礼节。同时,"仁""义""礼"兼备的人被称为"有德之人"。换言之,"德治"是指以高尚的人格治理集团。

企业经营唯有德治

要想企业经营长久繁盛不衰,成为真正的"和谐企业",唯有走"德治"之道。要想让员工尊敬经营者,经营者就必须以"德"为本经营企业,这也是本次论坛的讨论主题。"德治"是创立"和谐企业"最有效、最务实的道路。

欧美多数企业以霸道即"力"来治理企业。例如,运用资本的逻辑任意决定人事权、任命权,或者通过金钱刺激来驱使和支配员工。

以"力"统治企业的象征,是经营者与员工之间极为悬殊的收入差异。欧美企业的经营者,包括股票期权在内的收入,与普通员工相比,往往高得离谱。美国大企业的经营者,年薪高达数十亿日元的屡见不鲜。

经营者再优秀,单凭其制定的战略,不可能使企业发挥机能,顺利运转。大企业动辄有数万名员工,企业营业额和利润都是每个员工在各个岗位上日夜辛勤劳动的成果,是员工汗水的结晶。

因此,经营者个人获得超出普通员工或骨干员工数百倍的高额报酬就显得不合情理。但往往能力越优秀的经营者,越倾向于采取"力治"的方法。

然而,以权力压制人,以金钱勾起人的欲望,是不可能建立起"和谐企业"的。这样的经营方式即使能收获一时之功,也终将招致员工背叛而破产。企业必须追求永远的繁荣兴盛,要做到这一点,我相信,除了以"德"为本的经营,没有别的办法。

赢得顾客的尊敬与爱戴

再有,"以德为本"不能止步于凝聚组织,在和生意伙伴或客户的谈判中也十分必要。比起玩弄手段、利用对方的弱点讨价还价或以势压人,基于"德",即"仁""义""礼",恪尽情理的谈判将会带来更丰硕的成果。

年轻时,我带着自己研发的产品亲自到客户那里推销,当时,我常听别人的销售心得是"做生意要诚信第一"。这句话虽然不错,但我认为销售还有更高的境界,那就是超越信任,赢取顾客的尊敬,赢得客户的爱戴。

如果顾客尊敬我,或者爱戴我,便不会在价格高低上纠缠,而会无条件购买我的产品。这种基于尊敬和信赖的买卖关系才是商业的理想境界。

为了与顾客建立这种美好的关系,治理好集团,经营者必须追求"品德"。随着经营者人格的不断提高,企业也将不断发展壮大。

经营取决于领导者的器量

我将这种理论称为"经营取决于领导者的器量"。无论经营者对企业发展抱有多大的雄心壮志,正如"螃蟹只会按照自己壳的大小打洞",企业的发展都取决于其经营者的人格,即经营者器量的大小。

例如,一些经营者在企业规模尚小时经营得很成功,但随着企业规模不断扩大,逐渐失去对经营的掌控,最后导致企业破产。这是因为组织虽然不断扩大，但经营者自身的器量却没有随之变大。企业要发展，首先要求经营者努力提升自身的器量，换句话说，就是不断提升自己的心性、哲学、思维方式和人格。

我自己也不是一开始就具备经营领导者的器量。年轻时，我也有许多不成熟的地方，我自己非常清楚。因此，尽管做得还不够好，但我仍然不顾一切，日日埋头苦干，让自己获得更大的成长。

让理念每天得到提高

听一位经营者说，他在 20 年前听我说过"回顾自己半生，每天都在不断提高理念"。当时他非常感动，因为我强调的不是提高经营技能，而是每天坚持不懈，提高经营理念、思维方式和哲学。

年轻时，我的枕边常常放着几十本关于哲学或宗教的书籍。临睡前，我总是尽可能看上几页，不管再晚回家，我也要看上一两页。我这么做，完全是为了学习先圣贤人留下的道理，使自己的人格每天得到提高。

每当我读得感动莫名，心潮澎湃，常常久久无法读下一行。于是，我在这些令我感动的话语下面画线，以待日后回味。用这样的办法，读一页往往要花上三四十分钟，但这样读书，才能将其中的道理真正融入自己的血肉中。

大概因为年轻时每天如此，我才将自己的上半生总结为"每天不断提高理念"。这么做的绝不止我一人，许多经营者也付出了类似的努力。就连在中国也大名鼎鼎的日本松下电器产业集团创始人松下幸之助先生及本田技研工业的创始人本田宗一郎均是如此。

松下幸之助与本田宗一郎

30年前,京瓷迅速成长,不久便开始筹划上市。当时,京瓷还是一家中小企业,也许不太谦虚吧,我与某日本代表性的大银行的行长会面,想听一听该银行的经营理念及经营态度,以决定是否与它开展合作。

在会面过程中,我告诉对方自己平时经常读松下幸之助先生的著作,对他十分尊敬。同时,我还告诉对方自己的想法:自己也打算采取类似的人生态度,并以此为准绳经营企业。

那位行长年轻时就认识松下幸之助先生,我本以为他会完全赞同我的想法,想不到他却私下里告诉我:"松下幸之助先生在年轻时也很胡闹,还很淘气,不像你这么年少老成。"

我听了那位行长的话,决定不与那家银行合作。

但凡人都有年轻的时候，都有许多不足之处，关键在于这个人是否能够不断提升自己的人格。那位行长并不了解这一点，所以我不想与他经营的银行合作。

后来，我亲自见到了年事已高的松下幸之助先生，并和他面对面做了交流。他果然是一个人格高尚、见识不凡、世间罕见的经营者。他一辈子都在致力于扩大自己的器量，结果，松下电器产业集团不断发展壮大，成为全球屈指可数的电子企业。

本田宗一郎也是如此。本田宗一郎是一个汽车修理厂的老板出身，据说他年轻时脾气十分暴躁，现场的员工只要稍有懈怠，他的老拳或扳手就会招呼过去。听说他还公开宣称，"年轻时，我是为了钱才当社长。为什么想要钱？因为我想尽情享乐"，甚至每晚包下舞女，纵情声色。

在本田宗一郎功成名就的晚年，我也曾与他见面。我和本田宗一郎、索尼的创始人井深大一起被选为瑞典科技学院海外特别成员,一起受邀去瑞典参加相关活动。

我和本田先生、井深先生一起在瑞典各地环游了一周,吃住都在一起。在此期间,我对本田先生的高尚人格有了更深切的感受。他与年轻时的传闻判若两人,温润谦逊,对人充满关爱,人格高尚。正因为本田先生的人格达到很高的境界,所以他赤手空拳创立的本田技研工业才能发展壮大为全球顶级的汽车制造商。

实践圣贤的教导

我用"提高心性,拓展经营"这句话来表达这种经营者人格与企业业绩齐头共进的现象,可以说,这就是经营的真谛。拓展经营的先决条件是经营者自身心性的提高,只要心性提高,业绩必将随之而来。

提高心性，最关键的是实践圣贤所讲的道理，而不是只将这些道理当作知识死记硬背。我在孩提时学过一首"日新公伊吕波歌"，这是日本封建领主为了教育子弟而作的便于记忆的数数歌。其第一句就开门见山地提出，"圣贤之道，听了唱了却不做，毫无价值"。这句话的意思是，"读再多的金玉良言，听再多的醒世警句，如果自己不去实践，就完全没有意义"。中国有古话云："读《论语》而不知《论语》。"或许用这句话表达更贴切。

我们为了提高心性阅读圣贤的书籍，而书中所写的道理大多看起来朴实简单，所以我们往往单凭头脑理解，自以为深得个中三昧，却很少将之付诸行动。

然而，事实上，实践正确的做人道理非常困难。且不论圣人君子，我们普通人不管学了多少至理名言，都很难付诸行动。因此，古人才会将这些道理编成数数歌传唱至今，以诫勉后人。

更重要的是,我们需不时回顾做人应有的原则,反省自身言行,持续努力,尽可能向这些理念靠拢。既然是人,就无法百分之百做到这些道理,即便如此,也要认真思考,时刻反省,尽可能提高心性,完善人格。

每天刻苦钻研,保持高尚的人格

"提高心性"的一个关键表现就是人格发生变化。运动选手为了保持体魄,每天都必须勤于训练,同样,一个人要想保持良好的精神状态,也必须勤于精进。人格并非一旦形成便恒久不变。特别是若想追求高层次的人格,并想长久保持高尚的心灵境界,就必须付出苦行僧般的努力。

这就要求我们反复学习,每天反思自己的言行举止,反省自身,看自己是否存在作为人不应当有的行为。通过反省，反复告诫自己"应该这样做"，否则就很难保持高尚的人格。

我认为，人格是由天生的性格与后天在人生中所学的哲学共同构成。尽管在人生的惊涛骇浪中，人会遭遇种种幸运或灾祸，但只要不断努力提高心性，完善自我，就能通过后天努力，塑造出崇高的"第二性格"，取代天生的个性。

正因为疏于磨炼人格，那些取得了卓越功绩的经营者最终难免走向没落。即使有的人一开始表现卓尔不凡，在事业上取得了巨大成功，但快的不出 10 年，慢的也不出 30 年，就开始走上衰落之路。这是因为一开始他们全身心投入事业时，人格得到了暂时的提升，但事业成功之后，变得疏于反省，结果无法保持高水平的人格。

常言道，人到了某个年龄，就应该对自己的相貌负责。这并不关乎相貌的美丑，而是指人的心灵境界。通过提高心性，培养道德，人的相貌和表情都会发生变化。因此，自古以来就有"面慈心善"的说法。

没有人生下来就拥有优秀的思想、高尚的人格。优秀的人格是在人生的种种考验及艰苦磨炼中逐渐形成的。

员工将自己的人生托付给企业，因此企业经营者肩上的责任尤其重大。一生不懈钻研，日日刻苦努力，不断提高人格，是一个事业有成的经营者应尽的义务。我今后也一定会朝着这个目标每天刻苦钻研。

心中有一把判断的标尺

以德为本的经营还要求企业领导在企业内部树立明确的判断基准。经营者常常需要面对各种局面，做出各种判断。经营正是由每天的判断积累而成。因此，每个判断的对错都左右着企业的业绩，有时甚至决定了企业的命运。

因此，经营者心中必须有一把明确的判断标尺。有人会问，那是怎样的标尺呢？为了做出正确判断，首先这个基准必须是高尚的、坚定而不可动摇的。

我将这一判断基准总结为一个问句，那就是："作为人何谓正确？"人应当扪心自问，"作为人何谓正确"，得到发自内心的回答，然后义无反顾地将之贯彻到底。我把这句话作为自己的判断基准，在京瓷我还把这句话作为"哲学"，努力让全体员工理解，并在实践中一起贯彻。

正是因为确立了这样的判断基准，身为一个经营者，我才不至于在企业经营中迷失方向。组织也得以不断扩大，各部门的负责人也得以避免判断错误，成为我经营中的左膀右臂，协助我挑起经营的担子。

之所以能有这些成果，是因为"坚持正确的为人之道"这一判断基准具有普适性,因此能引起员工内心的共鸣进而共有。

"正确的为人之道"是指正义、公正、公平、努力、谦虚、正直和博爱等小时候父母及老师教给我们的朴素的伦理道德,同时也是做人应该贯彻的崇高"品德"。以这些作为人最基本的伦理观、崇高的道德规范为基础,推动企业经营的发展,使员工不仅用头脑理解,而且内心产生共鸣,进而努力提高自身的心性。

同时,在国外拓展事业时、在进军新行业时以及收购企业时,也是如此。将具有普遍性的正确判断基准作为企业哲学,全世界的京瓷工厂和事务所中的员工都能毫无滞涩地接受这些思维方式,并将其落实到行动上。

许多人说京瓷的成功是由于拥有先进的技术,或者赶上了时代的潮流,事实绝非如此。京瓷的成功得益于拥有正确的判断基准,这种判断基准不仅对于京瓷或身为经营者的我而言是正确的,对整个人类而言也普遍正确。因此,它能跨越国境与民族的界线,鼓舞着经营者和员工不断努力,提高心性,做出正确无误的行动。

正因为京瓷员工具备这种精神,因此在半个多世纪以来,京瓷抵挡住了一个又一个社会及经济的巨大变动,从未亏损,一路顺利发展壮大。京瓷的发展历史正是"提高心性,拓展经营"的有力写照。

如今,我认为"提高心性"不仅是为了"拓展经营",还是我们存在于这个世界上的目的。

人生的目的是什么

一般人认为,人生在世的目的就是为了财富、地位和名誉,但这些东西都只能存在于现世。不管人拥有多少功名利禄，都无法带往另一个世界，只能得于此世，了于此世。

但我相信，唯有一个东西是不灭的，那就是"灵魂"。当死亡来临时，人不得不抛下现世的所有地位、名誉和财富，只携着灵魂走上新的旅程。

既然如此，那么人生于世间的目的就是让与生俱来的灵魂在现世的惊涛骇浪中得到清洗、磨炼，变得更美好；就是使灵魂在生命谢幕时比来时变得更美丽，以迎接下一个新的旅程。这就是我的人生观。

苦难是磨炼灵魂的考验

人活着往往会受许多苦。有时，人遭受的艰辛甚至会令人不由自主地对神佛产生怨恨：凭什么只有我遭遇这些痛苦。其实，苦难是磨炼灵魂的考验。

人活着就会遇到各种各样的灾难，比如生病、遭遇事故、事业遭受挫折等。但我们应当把所有的苦难当作神灵赐予的、为了塑造我们的心灵、磨炼我们的意志的考验。我们不能逃避，要直面苦难，不断努力、精进，以此砥砺心志。

回顾自己的人生，我对此深有体会。1955年，正值朝鲜战争结束后就业困难的时期，我在日本古都京都的一家小绝缘瓷瓶厂就业。然而，那家公司连年亏损，连月薪都不能按时发放，因此进公司不久，同期的新人一聚在一起就纷纷抱怨："谁知道竟是这种破公司，赶紧辞职吧。"

但是，最后同期进公司的其他人全部离职，只有我一个人没有走成，不得不留在那家公司继续工作。我整日唉声叹气，常常一个人仰望夜空哀叹："为什么只有我遭遇这种命运。"

我12岁时得了肺结核，当时这种病被称为"不治之症"。后来初中、大学入学考试以及就业考试都屡遭挫折，我在郁郁不得志中度过了青少年时代。

然而，我面前唯一的道路就是留在濒临破产的公司工作。我别无选择，只好改变自己的心态。于是我痛下决心，开始埋头工作，比任何人都努力，结果挫折不断的人生竟然发生了翻天覆地的变化。

我在那家就快要倒闭的公司的研究室里废寝忘食，一心埋头研发精密陶瓷，结果成功研发出新型精密陶瓷材料。以此为契机，我创立了京瓷，才有了今天的成就。

我的人生可谓一波三折，多灾多难，但它正体现了"把挫折与苦难当作考验，正面迎战，真挚地反复努力"是如何重要。

一般人眼中的"不幸"，往往是打开命运之门的"幸运"。如果当初在鼎鼎有名的大企业就业，或许就不会有今天的我，更不会有京瓷这家公司存在。现在看来，能在人生的画卷刚刚展开的时遭遇一点苦难，是一件多么值得庆幸的事。

回顾过去，当父母说"千金难买少年苦"时，年少的我不以为然，反而顶撞道："我看是千金难卖少年苦吧。"还有，在刚刚工作时，我觉得自己陷入了人生谷底，一心只想摆脱不幸的命运，只想拼命挣扎求存。如果当时我能懂得刚才告诉大家的人生真理，拥有理解这些真理的智慧，想必如今的人生将更加精彩。

希望在场的诸位经营者即便遭遇苦难，也要将其视为提升自我的大好良机，坚持付出更多的努力。

成功与幸运也是考验

还有，不只苦难是考验，成功与幸运也同样是考验。刚才我也讲过,有的经营者一旦事业有成,就立刻变得眼高于顶,人格也发生变化。

忘掉谦虚、傲慢不逊、放纵私利私欲的结果就是没落与灭亡。成功也是考验,许多人不明白这个道理,稍稍做出一点成绩就自我陶醉,最后自掘坟墓。正因为获得了成功,更应该对身边的一切心怀感恩,同时谦虚地反省:"我值得拥有这些吗?"这一点至关重要。

何为幸运何为不幸,并不易一眼看清。祸兮,福之所依;福兮,祸之所伏。人生遭遇的灾难或幸运都是考验,人生的一切取决于我们如何面对这些考验。

企业也是如此。在企业经营的过程中,事故、灾害等意外灾难常常不期而至,有时也会得到幸运的眷顾,如赶上经济繁荣的大潮,突然得到意料之外的订单等。面对幸运或不幸,经营者应该采取怎样的态度,制定怎样的经营策略?人生和经营就是接连不断的考验，一切都取决于人们以何种心态面对。

回顾过去，我按照这种方式经营企业已超过半个世纪。期间，我常常冲在全公司最前面，起早贪黑，工作得比任何人都勤奋。我从未有过年轻时玩乐的印象，也没有像样的兴趣爱好。

从这个意义上而言，我的一生似乎都在为了公司牺牲自己，在忙碌中度过，看似十分悲惨。但有一句话拯救了我，使我的内心得到了安慰。那就是20世纪初著名英国启蒙思想家詹姆斯·艾伦的名言，他为像我这样一心埋头工作、对人生感觉若有所失的人留下了这样的话语。

"那些完全不愿牺牲欲望的人根本不可能成功。人要成功，就必须做出相应的自我牺牲。若想获得大的成功，就要付出大的牺牲；若想获得最大的成功，就必须做出最大的牺牲。"詹姆斯艾伦说道。

的确,在玩心尚重的年轻时代,为了做出榜样,我不得不自我牺牲。然而,既然我是经营者,就必须让京瓷发展壮大,这种牺牲是我不得不付出的、理所当然的代价。

读了艾伦的话,在感到安慰的同时,我再次深刻地感到:"京瓷之所以能发展到今天的模样,是因为我这个经营者做出了自我牺牲,这就是企业顺利发展的代价。"这种价值没有任何东西可以替代,为此我感到无比喜悦。我认为,这才是经营者获得的最高荣誉。

以德为本的经营,成就"和谐企业"

前面我给大家讲述了半个世纪以来自己的经营体会。首先,经营者要不断努力提高心性,然后践行所学的道理;勤于反省,保持高水平的人格;确立作为人正确的判断基准；直面人生的考验。

我坚信，这些都是推进以德为本的经营，创建"和谐企业"的最卓有成效的方法。

日本人在与中国长期友好往来的过程中，从中国的各种古代经典学会了"德"。所谓的中国古代经典，就是作为人应有的正确活法，也是我们在日常生活中、在企业经营中，必须重视的道理和行为规范。

但是，近年来日本似乎企图丢掉这些道理和规范。正因为如此，事业稍有成功便自我陶醉，忘掉谦虚，言行傲慢，放纵私利私欲，结果使好不容易取得的成功付之东流——这样的经营者络绎不绝。

不只日本，就连发达国家也存在相同的问题。想必成功人士辈出、催生了众多中国梦的中国也同样面临这个问题。

我希望在场的诸位能重新认识企业经营的哲学、

思维方式，即"德"的重要性，重新学习中国圣贤的智慧，造就"和谐企业"。

我坚信，只要这么做，就一定能实现众多员工物质与精神两方面的幸福，成就"和谐企业"，进而为天津市乃至中国经济的和谐发展做出巨大的贡献。

要　点

用权力压抑人性，用金钱刺激人的欲望，或许在经营中能取得一时的成功，但迟早会招致员工背叛、企业破产。企业经营追求的是持续繁荣和长久发展，要做到这一点，只有在"德"的基础上从事经营。

○

如果顾客尊敬、迷恋经营者，不但不会在乎价格的高低，甚至会无条件地购买产品。这种以尊敬及信赖为基础的关系，正是商业中的理想关系。

○

为了与顾客构筑良好的关系,同时做好集团管理,要求企业经营者具备"德"。随着经营者人格的不断提高,企业也将不断发展壮大。我把这种现象称为"经营取决于领导者的器量"。无论经营者对企业抱有多大的雄心壮志,企业发展都只取决于其经营者的人格,也就是经营者的器量。

○

一个企业要发展,首先必须不断提升经营者的器量。换言之,就是要求经营者不断努力,提升自身的心性、哲学、思维方式和人格。

○

我把这种经营者的人格与企业并行的现象用"提高心性、拓展经营"这句话来表达,这就是经营的真谛。若想拓展经营,首先必须提高经营者自身的心性，这是拓展经营的先决条件。只要做到这一点，业绩必将随之而来。

○

不时回想经营者应有的原则，反省自身言行，持续努力，尽可能向这一理念靠拢。人之所以为人，就是因为即便有"提高心性"的愿望，也往往无法践行。然而，尽管如此，也要认真思考，以"必须实践"的决心，时刻反省，尽可能提高心性，培养自己的人格。

○

"提高心性"能够改变人格。就像运动员必须通过每天锻炼保持体魄一般，人如果不努力保持精神状态，即便一时提高了人格，也无法持久。特别是那些希望追求高水平人格，希望保持崇高精神境界的人，必须进行苦行僧般的修行，付出巨大的努力。

○

人格由天生的性格与后天在人生中所学的哲学共同构成。虽然人生的风浪中,人将遭遇种种灾难和幸运,只要持续努力,提高心性,不断塑造自我,就能后天形成崇高的"第二性格",取代天生的个性。

○

没有一个人生来就拥有高尚的思维方式和出色的人格。人在一生之中,必须通过经历种种考验,不断钻研、沉淀,形成高尚的人格。经营者聘请了许多员工,这些员工把自己的一生都托付给了企业。为此,经营者肩上的责任尤其重大。一生不懈工作、刻苦钻研,持续提高人格,是一名成功经营者的义务。

○

经营就是日复一日判断的积累。判断的对错能左右企业的业绩，有时甚至能决定企业的命运。因此，经营者心中必须拥有一把明确的判断标尺。

○

为了做出正确判断，就必须拥有优秀、坚定且不可动摇的判断基准，我将它总结为一个问句"作为人何谓正确"。

○

"正确的为人之道"是指正义、公平、公正、努力、谦虚、正直和博爱等幼年时父母及老师教给我们的朴素伦理道德，也是作为人应坚持遵守的高尚"品德"。经营者应当以这些作为人最基本的伦理观、高尚的道德规范为基础推进企业经营，促使员工不单在头脑中理解，而且由衷地产生共鸣，全心接纳，进而致力于提高自身的心性。

○

我认为，人生于世的目的就是在现世的惊涛骇浪中，让与生俱有的灵魂得到清洗、磨炼，变得更加美好。然后在死亡来临时，带着比出生时更美好的灵魂，踏上新的旅程。这就是我的人生观。

○

人生在世，难免遭遇各种灾难，如生病、遭遇事故、事业失败等。但为了塑造自身心性，磨炼心灵，我们必须将所有苦难当作神灵赐予的考验，不要逃避，而是直接面对，不断努力。这就是磨炼心性的含义。

○

忘掉谦虚、言行傲慢不逊、放纵私利私欲，结果只会导致没落。许多人不懂得成功也是考验，稍有成绩便自我陶醉，结果自掘坟墓。正因为获得成功，才更应该对周围的一切心怀感恩，同时保持谦虚的态度，时刻反省："我值得拥有这些吗？"这一点至关重要。

○

何为幸运何为不幸，很难一眼看清。祸兮，福之所依；福兮，祸之所伏。人生中所有的灾难和幸运都是考验，人生的一切取决于如何面对这些考验。

○

在企业经营中，事故、灾害等意想不到的灾难往往不期而至，有时也会得到幸运的眷顾，如赶上经济繁荣的大潮，得到突如其来的特别订单等。在面对这些幸运或不幸时，经营者必须决定采取怎样的态度及经营策略。人生和经营就是接连不断的考验，一切都取决于人面对考验时的心态。

企业伦理与领导力

凯斯西储大学演讲

——2002 年 10 月 18 日

  凯斯西储大学成立于 1826 年,是美国的私立大学,在机械工程、心理学、生物学等领域取得了显著的成绩,也曾产生过许多诺贝尔奖获得者。该大学与京瓷通过在大学内部设立"京瓷教授"(京瓷捐赠的讲座),对陶瓷研究展开合作。

  稻盛在该大学主办的"伦理研讨会"上,以"企业伦理与领导力"为题,为百名听讲者做了演讲。

时代对领导者资质提出更严格的要求

我创立了京瓷及 KDDI 两家集团企业并经营至今。发展到今天,这两家集团的销售额规模共计约为 4 万亿日元,经常利润共计约为 1400 亿日元。在日本经济持续低迷的 10 年间,这两家公司的销售额却扩大了五倍。

今天,基于自己 40 多年的企业经营体会,我想给大家讲一讲"企业伦理与领导力"这个话题。

纵观历史,我们发现以国家为首的集团——无论是怎样的集团,其盛衰均取决于该集团的领导者。中国古代经典中有"夫国以一人兴,以一人亡"之言,人类历史也可以说是一部由领导者谱写的篇章。

这也同样适用于企业。企业领导者,即经营者,其行动成败决定了企业的兴衰和员工的命运。特别是现在，由企业领导者导致的企业丑闻层出不穷，连不少赫赫有名的企业也因此惨遭淘汰。这个时代对经营者资质进一步提出了更为严格的要求。

举个例子，众所周知，美国大型能源公司安然公司已经破产，负责其审计工作的大型会计事务所安达信也为其悠久的历史画上了终止符。接着，大型通信电话公司美国世界通信公司（简称"世通公司"）也根据《美联邦破产法》第十一条申请破产，企业面临严峻的危机。

同时，日本近几年来由于企业领导者的营私舞弊，导致众多拥有悠久历史的大企业退出商业舞台，使日本经济更加停滞不前。

像这样由经营者引发的企业管理危机，不但会导致一个企业的崩溃，而且还将波及整个社会经济，为社会带来严重的危机。

过度的物质激励导致经营者堕落

如果追究企业营私舞弊的原因，首当其冲的便是导致企业或经营者走入歧途的当下的经营体制，尤其是近年来在美国企业盛行的经营层高薪制，以及能带来巨大进益的企业期权。令人担忧的是，这些措施虽然刺激了经营管理者的主动积极性，但同时也导致企业内部的道德低下及经营者的堕落。

作为企业的领导者，经营管理者如果才干出众，为企业做出了巨大贡献，那么的确应该获得与付出相匹配的待遇，以促其进一步发挥实力。假如这样能够使企业业绩进一步提高，那么，无论对员工、对股东还是对社会，都是一件好事。我并不是全面否定经营者按照业绩获得酬劳——物质激励的必要性，但如果这些物质激励的金额过于庞大就会产生问题。

首先，是经营者与员工收入两极分化的问题。这

20年来，美国企业的最高经营负责人（CEO）的报酬增加了40倍以上，但普通劳动者的报酬却驻足于原有的两倍左右。收入差距的不断扩大，成为维持企业内部道德的巨大障碍。

其次，过高的报酬和期权导致经营者自身精神的堕落。即便是一个品格高尚的经营者，一旦被授予金额庞大的报酬或期权，也会不知不觉开始关注自身利益，追求自我利益最大化，从而置公司和员工于不顾，而是煞费苦心地思考如何维持高股价，使自己获得更多的利益。事实上，安然及世通的事件就是企业经营者为了维持高股价而做假账的结果。

过高的物质激励使经营者的精神犹如受到毒品的侵蚀，丧失伦理道德，变得麻木不仁。为了使企业健康全面的发展，我觉得应该重新审视现今的经营体制。

选拔领导者最关键的要素

然而，我认为，若要各发达国家对当下经济社会面临的企业管理危机防患于未然，不单只需要思考经营体系及经营者待遇标准的问题，还需要重新思考经营者资质这一根本问题。

大约在130年前，日本有一位叫作西乡隆盛的杰出领导者成功领导了明治维新，促使日本走上了现代国家的道路。西乡是一位私心了无、清正廉明的领导者，至今仍受到广大日本人的敬重与爱戴。在选择领导者的问题上，他认为最关键的要素有以下几个方面。

德高者居高位，功多者得奖赏

这句话的意思是身居高位的人必须拥有高尚的人格，而对于做出出色功绩的人，可以用金钱给予回报。

然而,企业选拔企业领导者时,甚少关注候选人的"德",也就是"人格",而往往只因为能力和功绩,就任命其为CEO等高层经营干部。而且,如前面所述,企业往往对被委任者采取物质激励,给予高额报酬。换言之,商界普遍认为,比起具备高尚品格的人,拥有直接创造业绩的有"才干"者才适合担任领导。

可是,作为众人表率,领导者不能只为了报酬服务,而应该对集团抱有使命感,拥有勇于自我牺牲的高洁品格。领导者必须是具有高尚品格的人,即使功成名就、拥有财富地位,也须时刻不忘集体利益,以强大的"克己心"抑制自身欲望;怀有利他之心,将获得的成果返还社会。

在资本主义社会早期阶段,这种思想被广泛认同。众所周知,资本主义诞生于基督教社会,尤其是重视伦理道德、严格遵守教义的新教社会。在资本主义初期，虔诚的新教徒是该时期的中坚力量。根据德国著名社会学家马克斯·韦伯的描述，新教徒为了贯彻基督教"关爱邻人"的教义，将"崇尚劳动和简朴生活，把生产活动获得的利益用于社会"作为宗旨。

因此，当时对企业的领导者、经营者提出了"以光明正大的方法追求利润，并为社会的发展发挥作用"的要求。也就是说，"为社会、为世人"是肩负早期资本主义发展重任的新教徒的伦理道德规范。可以说，正是因为拥有如此伦理观，资本主义经济才得以急速发展。

但不无讽刺的是，随着经济发展，这些作为早期资本主义发展原动力的伦理观逐渐变得淡薄。经营者经营企业的目的在不知不觉中逐渐沉沦为"只顾自身利益"的利己思想。反映商业交易内幕的电影《华尔街》中有职业的企业并购者登场，他公然叫嚣，"贪欲就是善，贪欲就是资本主义的发动机"。这种满脑子私利私欲的经营者层出不穷。

"人格"比"才干"更重要

相反，中国明朝著名思想家吕新吾曾在其著作《呻吟语》中，对领导者的资质进行了如下描述："深沉厚重是第一等资质。"换言之，领导者最重要的资质是拥有时刻深入思考事物本质的厚重个性。领导者必须具备深沉高尚的人格。

吕新吾在《呻吟语》中还写道："聪明才辩是第三等资质"。也就是说，"头脑聪明，拥有才能，能言善辩"等只是较为次要的资质。

如今企业道德沦丧的原因在于无论东方还是西方都将"第三等资质"——"才干"作为选择企业领导的首要考量因素。不管是通过自主创业获得巨大成功的创业型企业家,还是率领已有企业取得发展和飞跃的中兴型企业家,无一不是才华横溢、才干出众的人。

他们充分发挥自己的商业"才干",研发全新技术,采取先进的市场营销手法,制定出众的经营策略,以火一般的热情带领着事业成长发展。因此,分析家和投资者对这些才华横溢的经营者所率领的企业纷纷给予高度评价,其结果就是这些企业的股票价格不断高涨。

然而,就像IT泡沫时期出现的现象:许多新进的企业新贵,其企业如流星一般在我们的眼前闪亮登场,随后瞬间流逝。这是因为这些企业的领导者、经营者缺少西乡及吕新吾所说的"人格",只因"才干"获得赞赏的结果。

这个道理在前面所述的世通公司身上也得到了印证。我创立了KDDI这一日本第二大通信电话公司,

企业伦理与领导力

有相关的经营经验,因此我根据世通公司的例子,思考了一下关于领导者资质的问题。

众所周知,世通公司是伯尔尼·埃贝斯于1983年创立的企业。在世通公司成立一年后,也就是1984年,我成立了第二电电(DDI)这一通信电话公司,它是开头介绍的KDDI的前身。当时,我借鉴了长途通信电话公司MCI的经验,这家公司后来被世通公司收购。

埃贝斯先生打算采取积极的并购战略,使世通公司不断发展壮大。他通过以MCI为首的50多次并购,在不到短短20年时间,使世通公司发展为足以与AT&T抗衡的庞大的通信电话企业。这种商业模式就是维持企业的高股价,利用高股价的优势,用交换股票的方式收购竞争对手。

然而,今年(2002年)公众对世通公司的会计账务产生怀疑,接着发现该公司在决算中有高达70

亿美元的账务造假。为了使分析家所关注的财务指标——EBITDA 的数据保持漂亮,他们在会计账目上做了手脚,将普通经费当作设备投资计算。

这种粉饰太平、掩盖企业经营真实情况以维持高股价的行为,不但能使世通公司通过并购获得高速成长,同时还能使埃贝斯本人及其身旁的最高财务负责人(CFO)获得巨额期权收益。可以说,这完全是由于利己与私欲引发的问题。

世通事件因领导者的人格出现问题而起,但我认为,只关注经营者的"才干",而没看清人格本质的分析家及投资者对此也需要承担一定的责任。

日本有句格言:"才子跌倒在才华上。"拥有"才干"的人往往因为出众的才能而获得巨大的成功,于是他们过于相信自己的"才干",或将才干用在歪门邪道上,结果导致企业破产。日本的古人用这句话告诫世人,不要"聪明反被聪明误"。

越是拥有出众的"才干",越需要拥有掌控"才干"的能力。我认为,这种能力就是"人格"。为了提高"人格",必须通过学习哲学或宗教的道理,反复体会"正确的为人之道"。

人格是后天磨砺而成的

那么,什么是"人格"呢?"人格"是指人天生的性格在人生中经过后天的磨砺及环境影响而逐渐形成的东西。

每个人天生的秉性各自不同,有的人比较好强,有的人比较软弱;有的人比较鲁莽,有的人比较谨慎;有的人比较自我,有的人善于为他人着想,个性可谓千差万别。如果人在一生中不学习,没有受到任何新的因素的影响,那么这些天生的性格就直接变成一个人的"人格",而"人格"决定了"才干"的发展方向。

那么，会出现什么情况呢？一个天性自我、自私的领导者，只要能发挥出优秀的才干，也能取得一时成功，但因其人格存在问题，迟早会为了私利私欲营私舞弊，走上歧途。相反，即使天生"性格"有所缺陷，但在人生中通过接受圣贤的影响，学习正确的为人之道，也能成为具备高尚品格的人。

没有一个人生来就拥有完美的"性格"。正因为如此，才有必要不断学习哲学或宗教思想，将其中的哲理融入自己的血肉里，努力提高自己的"人格"。尤其是拥有众多员工、对社会负有巨大责任的经营者，更需要率先垂范，不断精进，提高自己的人格并将其维持在较高境界。

当然，才华横溢的经营者也认识到"人格"的重要性，也具备哲学及宗教方面的知识，这些知识揭示了"正确的为人之道"。但是，"知"和"行"是两回事。许多经营者学过一次"正确的为人之道"，就心满意足,不愿意反复学习,因此"知"而不"行",只沉溺在知识之中,这样的经营者屡见不鲜。就像运动员为了保持强壮的体格,必须每天锻炼身体一般,人心也需要勤于擦拭,稍有懈怠便会转眼堕落。

领导者有必要反复学习"正确的为人之道",不懈努力,时刻保持理性。同时,每天回顾、反省自身言行,这也十分重要。日日反省,严格自我审视,看自己是否有违反"正确的为人之道"的行为,这一点至关重要。

像这样,通过持续的努力,人才能修正天生个性中存在的缺陷,形成新的"人格",也就是"第二人格"。换言之,通过反复学习"正确的为人之道",并将其融入自己的血肉,就能不断提高人格,并将其保持在高水平的境界。

"不撒谎""做人要正直"等简单道理的内在含义

那么,什么是"正确的为人之道"呢?它听起来像是哲学及宗教般深奥,事实并非如此。

在孩提时代,父母和老师都会教给我们一些做人最基本的规矩。例如,"不要贪心""不骗人""不撒谎""做人要正直"等,其中就已经告诉了我们"正确的为人之道"。

首先,我们应该重新审视这些简单道理的内涵,并彻底执行、遵守,我认为这一点非常重要。如果对美国代表性企业的 CEO 提出这种要求,也许会被嗤之以鼻:"我毕业于一流大学和知名商学院,成绩优异,在企业里也担任重要的领导岗位,要我学习这种简单的道理,简直是失礼。"可事实上,这些道理虽然简单,但大企业的领导者往往无法遵守,或者说不能让员工遵守,正因为如此,企业才会频频爆出丑闻。

事实上前面所说的安然公司及世通公司就因为领导者的贪婪,在企业业绩出现不良情况时,对企业决算数据造假,而且为了不让别人发现,他们不断撒谎,不断骗人,掩盖事实真相。

现在,为了预防企业出现管理危机,人们纷纷呼吁更先进的管理体系,认为构建新体系已成为当务之急。但我却认为,身为企业领导者的经营者及管理干部,首先应当遵循前面提到的如"不贪心""不骗人""不撒谎"和"为人正直"等简单朴实的道理,同时敦促员工遵守——这远比建立所谓的先进管理体系有效得多。领导者应当基于朴实、正确的做人道理,以身作则,尽力提高人格,不断精进,保持人格的高水平。这看似迂腐,却是帮助企业防患于未然、不至陷入没落泥潭的最佳方法。

或许有人对此表示怀疑："用这种慢条斯理的方法，是否真的能够帮助企业克服接连不断的管理危机？"但假如让一个有才无德的领导者大权在握，在企业内颐指气使，无论企业的管理体系多么先进，也只会有名无实，流于形式。

福泽谕吉所描述的理想的商业领袖形象

19世纪后半叶，日本逐渐迎来了现代化的曙光。当时，提倡实践教育重要性的启蒙思想家福泽谕吉对怀抱雄心壮志的学生们讲述了理想中的经济人的形象。

在场的商业人士及凯斯西储大学的学生们都是21世纪社会经济的中坚力量，我将以下这段话送给大家，以此结束我的本次讲演。"思想深远如哲学家，心术高尚正直好比元禄武士，加上世俗小吏的才干、农夫的体魄，方能成为实业界的俊杰。"

换言之，在商业社会中，优秀的领导者需要拥有哲学家般深远的"思想"、武士般清正廉洁的"心性"、能吏般灵活的"才干"，再加上披星戴月、辛勤劳作的农民般不亚于任何人的"努力"。

只有当这样的领导者辈出时，我们的社会经济才会变得健全。衷心祝愿凯斯西储大学能培养出更多这种能为集团带来幸福的、真正的商业领袖，为社会经济及人类未来做贡献。

要 点

企业领导者，即经营者，其行动的成败决定了企业及员工的命运。尤其当今企业频频曝出企业领导者引发的丑闻，就连大名鼎鼎的企业也因此退出历史舞台。这个时代对经营者的资质提出了更为严格的要求。

○

为了防止企业出现管理危机，防患于未然，不仅要思考经营体系及经营者的待遇问题，还有必要重新审视经营者资质这一根本问题。

○

身居高位者必须为"有德之士"。做出优秀成绩的功臣应该获得金钱之类的回报。

○

领导者本应不计报酬，对集团抱有使命感，甘愿自我牺牲，具备高洁的人格。即使功成名就、拥有财富地位，也须时刻不忘集团利益，以强大的"克己心"抑制自身欲望，怀有利他之心，由衷地以"将获得的成果返还社会"为乐。

○

身为领导者应具有的最重要的资质，就是拥有时刻深入思考事物本质的厚重个性，具备高尚的人格。头脑灵活、身怀才干、能言善辩等只是较为次要的资质。

○

越是拥有过人的"才干"，就越需要拥有掌控"才干"的能力，这种能力就是"人格"。为了提高人格，就要通过学习哲学或宗教的道理，不断掌握"正确的为人之道"。

○

人格是人天生的性格在人生中经过后天磨砺形成的。

○

天生的性格不可能没有缺陷。正因为如此，我们必须反复学习优秀的哲学道理及宗教教义，并努力将之内化，使之融入自己的血肉，从而提高"人格"。

尤其是拥有众多员工、社会责任重大的经营者必须率先垂范，不断提高自身人格，努力保持人格的高水平。

○

领导者有必要反复学习"正确的为人之道"，时刻保持理性。同时，每天回顾、反省自身言行也十分重要。经营者要每天严格审视自己、反省自己，看看是否有违反"正确为人之道"的言行举止，这一点至关重要。

○

"正确的为人之道"就是孩提时代父母及老师教给我们的最基本的做人规则，比如"不贪心""不骗人""不撒谎"和"做人要正直"等。仔细思考这些简朴道理的内涵，并将之执行到底，这一点非常重要。

○

首先,身为企业领导者的经营者与干部必须彻底遵守这些简单朴实的道理,在此基础上督促员工共同遵守。这就需要领导者必须以身作则,不断提高人格,同时努力维持高水平的人格。这看似迂腐,却是守护企业的最好办法。

○

在商业社会中,出色的领导者必须有哲学家般深远的"思想"、武士般清正廉洁的"心性"、能吏般灵活的"才干",再加上披星戴月、辛勤劳作的农民般不亚于任何人的"努力"。

领导者应有的姿态

GEF 小组学习交流会上的演讲
——2007 年 10 月 20 日

本演讲是在 2007 年 10 月 19～25 日的巴西盛和塾七日之旅中,稻盛为圣保罗 GEF 小组成员所做的讲话。GEF 小组是 2002 年在巴西发起的稻盛哲学学习小组,成员由巴西盛和塾塾生子弟或企业员工组成。

经营者必须具备的三要素：
愿景、使命和人格

我听说 GEF 小组的成员平日十分热心学习我的经营思想，希望诸位当中能出现巴西产业界以及社会各界的领导者。今天，基于自己身为经营者的体验，我给大家讲一讲"领导者应有的姿态"。

我认为，身为企业经营者，也就是企业领导者，必须具备三个关键要素。这三个要素如下：

第一，经营者必须对企业未来发展满怀梦想，拥有宏伟的"愿景"，并清晰地向全体员工进行描述。必须把公司追求的目标描绘成清晰的愿景，怀有"无论如何必须实现"的强烈愿望，并与员工共有。

第二，经营者必须明确"为何需要愿景必达"的理由，也就是确立企业的"使命"。必须制定能为全体员工由衷认同的、具有大义名分的企业使命，促使每个员工了解实现愿景的理由,并激发他们的使命感。

第三,经营者必须具有高尚的"品格"与崇高的"人格"。无论拥有多么崇高的目标及目的,如果经营者本身不具备优秀的品格与高尚的人格,员工决不会心甘情愿地与经营者甘苦与共。而且,如果经营者不具备优秀的人格,往往会优先考虑自身利益与方便,无法做出正确的判断或决策,会将公司带往错误的方向。

因此,经营者的首要任务是描绘充满梦想的"愿景",并用浅显易懂的语言向全体员工描述、共有。同时,必须揭示实现愿景的原因,也就是企业的大义名分、"使命",激发员工的使命感,使他们主动点燃斗志。最后,为了实现愿景,率领员工的经营者本身必须具备崇高的"人格"。我认为,这三点在企业经营中十分必要。

"愿景""使命"和"人格"是企业经营对领导者提出的三个要求。根据过往的经验,我想就这三点进一步为大家具体阐述。

企业发展的原动力

1959年,我27岁的时候,在一些朋友的支持下,我在京都市中京区西京原町创立了京瓷公司。京瓷刚成立时,只是一家资本金仅300万日元、仅有28名员工的小企业,只要市场环境稍有波动就极可能破产。

我一直希望将这个脆弱的小企业发展壮大,但苦于没有经营经验,完全不懂得应该如何经营企业。就在没有充足资金、设备,企业不知何时就会倒闭的情况下,我仍然抓住一切机会向员工讲述自己的梦想。

"现在我们虽然还是一家小企业,但我们要先做到京都第一，接着成为日本第一，然后成为世界第一！"

虽然这些话貌似异想天开，但我还是积极抓住一切机会向员工讲述。事实上，当时的京都就有不少看似京瓷无法超越的大企业。

尽管如此，我还是不断地向员工讲述自己的梦想。刚开始员工对此半信半疑，但在听我反复讲述的过程中，他们不知不觉开始相信我的梦想，并齐心合力，不懈努力，朝着这个梦想奋力拼搏。结果，如今京瓷在以精密陶瓷为首的多领域拓展了多种多样的业务，销售额得到巨大发展。截至2008年3月的财年统计中，京瓷的销售额超过了1.28万亿日元。

如果一个企业中所有成员都拥有共同的梦想和愿望，都认为"我要这样做"，那么这个企业将呈现非凡的活力和干劲。只要拥有美好愿景，向着同一个方向努力，就能激发顽强的斗志，产生排除万难、朝着梦想奋勇前进的力量。

这种梦想和愿望就是"愿景"。"我们要成为这样的公司"——描绘愿景,并与员工共有,是企业发展壮大的最大原动力。

全体员工共有的使命

要实现愿景,就要有集团共同的"目的",也就是使命。领导者公布愿景的前提是向员工阐明企业的目的,也就是使命。

京瓷为什么要成为世界第一的企业?其目的是什么?京瓷的目的是使为其奉献一生的人不仅获得物质上的富有,还能获得心灵上的幸福。

然而,这个目的并不是京瓷成立一开始就得以明确的。京瓷确立这个目的,源自我和员工之间发生的一件事。

在京瓷成立的第三年春天，一群加入公司刚满一年、好不容易才熟悉工作的高中毕业生突然联合起来，来到我身边递给我一封血书。他们表示对未来感到不安，逼迫我保证在未来给他们涨工资，加奖金。

我反复向他们解释公司当时的实际情况，但他们坚决不肯让步。结果，在公司无法继续谈下去，我将他们带到当时自己的廉租公寓，和他们谈了三天三夜。我诚心诚意地对他们说："我会拼命工作，保证你们迟早有一天拿到的待遇会超越你们的期望值。请相信我，勇敢地跟着我一起走。"

我还说："如果我有任何背叛你们的行为，到时你们可以杀了我。"不知是否是我的诚意打动了他们，本来坚持不肯让步的员工流着泪撤回了他们的要求。

尽管员工的"叛乱"暂时得到平息，我松了一口气，但事实上，那天晚上我久久难以成眠。我必须重新思考公司存在的理由和目的。

第二次世界大战结束后,我鹿儿岛的老家生活十分艰难。因此,在就业后,虽然薪资微薄,但我还是每月给住在乡下的父母及兄弟寄钱。我连自己的亲兄弟都照顾不好,却要保证毫无血缘关系的人的生活,老实说,这使我觉得经营企业实在是一件划不来的傻事。

当初,我成立京瓷这家公司的目的,是为了"让稻盛和夫的技术问世"。

在以前工作的那家公司,我的精密陶瓷技术没有得到充分认可,而在新成立的公司里,我可以自由自在地让自己的技术在世间发扬光大,这令我感到十分欢喜。

然而,通过员工反叛事件我发现,我家人的幸福以及我作为一个工程师的梦想,在其他员工看来无足轻重,他们首先考虑的是自己生活的幸福。为什么经营企业必须接受这样不合理的事呢？我感到十分苦恼。

经过一整晚的苦思冥想，我终于发自内心地领悟了："比起我这个经营者的个人愿望，企业经营的真正目的是使员工及其家属满意，这才是企业经营最重要的使命。"

为此，我毅然摒弃了"让稻盛和夫的技术问世"这一目的，将京瓷的经营目的改为"追求全体员工物质与精神两方面的幸福"。不仅如此，我觉得企业作为社会公器，还应该承担社会责任，于是又加上"为人类、社会的进步发展做贡献"。

就这样，京瓷的目的定为："追求全体员工物质与精神两方面幸福的同时，为人类社会的进步发展做贡献。"我将它作为京瓷的经营理念，向员工公开宣布，并努力与员工共有这一使命。

在改变经营目的的一刹那,一直困扰着我的苦恼全部消失得无影无踪。不仅如此,我还决定不管多苦多累,都要朝着自己制定的崇高目的不断奋斗。

同时,那一瞬间,京瓷公司能够为全体员工共有的、具有大义名分的使命诞生了。以此为转机,京瓷不再是追求经营者个人梦想和愿望的舞台,而摇身一变,成为一家为了实现全体员工幸福,为人类社会的进步发展做贡献的企业。

近几年,企业界有一种思潮,认为"企业属于股东,股东价值最大化才是企业经营的本质"。这种思想认为,企业经营的目的就是令股东获得最大限度的利益。

今天,京瓷不仅在东京,还成为在纽约证券交易所上市的国际化企业,但我从未说过,京瓷的经营必须优先考虑股东利益。

这绝非意味着我轻视股东。我希望把公司打造为让所有员工安居乐业、放心满意的企业。这么做的客观结果就是企业实现骄人的业绩，企业的价值也随之不断增长，而这正是股东所期望看到的。

事实上，正因为京瓷的目的是"追求全体员工物质与精神两方面幸福的同时，为人类社会的进步发展做贡献"，每一个员工才能朝着"让京瓷成为世界第一的企业"这一目标奋勇拼搏。结果，京瓷实现了骄人的成绩，也实现了高股价、高分红，股东也感到十分满意。

坚信愿景、使命的重要性与 KDDI 的成功

令我更加坚信愿景、使命之重要性的，是 23 年前我成立并经营第二电电，即如今的 KDDI 的经历。

1984 年，日本迎来了电信事业自由化这一巨大的

转折期。在电电公社民营化,变为 NTT 的同时,通信行业开始允许新的企业加入。我从很早以前就认为日本的通话费与国际水平相比过高,不但给日本国民带来了巨大的负担,还将妨碍信息化社会的健康发展。

为此,我希望有大企业能够借此机会自告奋勇地站出来,与电电公社抗衡,使电信业形成良性竞争,促使日本通话费用降低。

然而,由于风险太大,没有一家企业主动举手应战。我想,既然如此,那我干脆自告奋勇好了,但从京瓷的规模考虑,这样的举动看似过于草率鲁莽了。

电电公社民营化时,是一家年销售额超过 4 万亿、拥有 33 万员工的寡头企业。当时京瓷的销售额只有 2200 亿日元,员工也只有 1.1 万人。在这种情况下,京瓷突然向电电公社发起挑战,无异于堂吉诃德拿着一杆长枪挑战巨大的风车。

尽管如此，但我内心却充满疑问："即使现有大企业加入电信行业，否能真正从正面对电电公社发起挑战？是否能不畏艰难，将长途电话费降下来？"相反，像京瓷这种白手起家、富有挑战精神的企业或许更加适合挑战——这样的想法在心中变得越来越强烈，于是我开始认真思考是否加入电信行业。

然而，在下定决心之前，我考虑了很长时间。这是因为，在开拓这样的大事业之前，我必须先明确自己内心的想法。于是，在每天晚上睡觉前，我都不断地自问自答。"我从事电信事业的动机真的是为了民众能够用上廉价的长途电话吗？我的动机真的纯粹吗？其中真的没有一丝一毫私心吗？"

每天晚上我都用"动机至善，私心了无"这句话，严肃地逼问自己。大约过了半年，我终于确定自己的确是"动机至善"，没有丝毫私心。由于坚定了信念，我心中萌生"无论事业多困难，也必定能实现"的勇气和热情，于是开始了我第二电电的创业之路。

电信业务刚开始自由化时，没有任何人愿意加入。但当京瓷举手之后，日本电信和日本高速通信也举手参战，于是新电信就以三家新的电信公司竞争的形式正式开始。

所有人都认为在这三家公司中，以京瓷为母体的第二电电与其他两家公司相比处于绝对劣势，原因是身为经营者的我毫无通信行业经验。同时，和其他两家公司不同，第二电电连通信的基础设施也不具备。

例如，以原国铁集团为母体的日本电信公司可以利用新干线旁边的侧沟，而日本道路公团及丰田汽车为主成立的日本高速通信公司可以利用东名阪高速公路的中央分离带架设光缆，它们都具备架设通信网络的便利条件。

第二电电却根本没有类似的通信基础建设条件。

最终，第二电电只能在东京、大阪之间的山顶上建设碟形天线，利用微波无线网搭建通信网络。

员工们为了架设碟形天线，逢山开路，将路直开到山顶。他们不分昼夜地推进基础作业，通过拼命努力，第二电电终于和竞争对手同时开通业务。同时，第二电电不遗余力地展开销售活动，提供开通电话的服务。

结果令人惊讶。在新成立的三家电信公司中，第二电电持续保持领先。以记者为首的各界人士不禁纷纷询问，为何第二电电身处不利环境，却能成为新电信公司的领军企业。

我回答道："那是因为'不仅为了自身利益，而且要干有益于国民的事业'，这个目的成了公司全体员工共同的使命。"

从第二电电成立起，我就利用一切机会向员工讲述第二电电的使命，那就是"为了国民能用上更便宜的长途电话"。为此，在第二电电，"不仅为了自身利益，而且为了帮助国民而工作"这一企业目的深入人心，员工把它作为自己的使命，坚持不懈，拼命奋斗。

正因为如此，在所有的新电信企业中，只有第二电电在残酷的竞争中脱颖而出，后来成为销售额超过3万亿日元、地位仅次于NTT的第二大电信公司KDDI，现在依然繁荣昌盛。

通过创立第二电电的经历我坚信，企业要发展，就必须在描绘愿景的同时，揭示达成愿景的、具备大义名分的企业使命，这一点至关重要。

不能满足于崇高的愿景和使命

然而，不管愿景多么宏伟，企业使命多么崇高，如果经营者缺少高尚的人格，绝对无法达成愿景，使企业永续发展。

经营者在朝自己确立的愿景进发的过程中，必须做出各种判断决策，带领企业走向正确的方向，这些判断和决策赤裸裸地体现出经营者的人格品性。正因为如此，经营者的人格就显得极为重要。

换言之，自我中心、自私自利的人在判断时，往往会将自身利益最大化；同时，没有责任感的人还会将部下抛诸脑后。这种经营者绝对无法使企业永续发展。

领导者应当拥有崇高的人格，关于这一点的重要性，许许多多的圣贤曾做过各种论述。为了使大家简洁明了地明白培养人格，即培养思维方式与哲学的重要性，我想出了"人生成功的方程式"：

人生·事业的结果＝思维方式×热情×能力

我长年基于这个方程式开展工作,而且我认为,唯有这个方程式方能充分诠释我的人生及京瓷发展的原因。

我出生在一个并不富裕的家庭,我在初中、大学的升学考试中落榜,接着也没通过就业考试。然而,像我这样经历了许多挫折、能力也十分普通的人应该怎样才能取得非凡的成就呢?在深思熟虑之后,我得出了这一方程式。

这一体现了人生和事业结果的方程式包含三个要素:思维方式、热情和能力。其中的"能力"大多属于先天的,如父母遗传的智力、运动神经和健康等。

"能力"可以说是一个人的天赋,用分数来表示的话,每个人都各不相同,分数范围可以设定为0~100分。

在"能力"的基础上再乘上"热情"的要素。这里所说的"热情"可以用"努力"替代。在"热情"方面，每个人表现的程度也各不相同。有的人无精打采、毫无干劲和魄力；有的人对事业和人生满怀火一般的热情，全力以赴、奋勇拼搏。这两者之间的差距也可以用 0~100 分来表示。

然而，"热情"与"能力"不同，它取决于个人意志。因此，从京瓷成立起直至今天，我首先发挥最大限度的"热情"，无休无止地"付出不亚于任何人的努力"。

"付出不亚于任何人的努力"这一点十分重要。大多数人都认为自己很努力，然而在商界中，只要对手比你努力，你就已经输了。这里强调的并不是一般程度的努力，而是"不亚于任何人"的努力，如果不这么做，就不可能在这个严酷的社会中取胜。

同时，努力并不是爆发式的、一时的，而需要辛辛苦苦、无休无止地坚持下去。虽然，周围人都常常劝我不要太辛苦，否则"总有一天会倒下"，但自打创业起，我就不分昼夜、全力以赴、全神贯注、埋头工作。

如果用马拉松赛跑比喻，这就像以短跑的冲刺速度跑42.195公里的马拉松，任何人都觉得这是不可能完成的任务，但京瓷就以全力冲刺的速度坚持奔跑。结果，尽管京瓷是陶瓷行业的后起之秀，却不知不觉追赶上历史悠久的领先企业，接着一口气超越了对手，如今成为世界第一的精密陶瓷制造商。这就是"热情"，也是"努力"的结果。

最后我想谈谈"思维方式"。如同前面提到的，"思维方式"是"人生成功方程式"中最关键的要素，它极大左右了方程式的结果。

刚才所说的"能力"和"热情"，其分数范围都在0～100分，但"思维方式"中有善的思维方式，也有恶的思维方式，它的分数范围跨度很大，

为 $-100 \sim +100$ 分。

按照我的方程式,人生和事业的结果取决于"思维方式""热情"和"能力"这三个要素相乘的结果。因此,如果"思维方式"为负值,那么人生和事业的结果就会受到影响而成为负数。

打个比方,一个人十分健康、优秀,"能力"高达90分,可他对自己的能力过于自信,于是并不愿意认真付出努力,"热情"只有30分左右。那么90分的能力乘以30分的热情,他的得分只有2700分。

与此相反,另一个人告诉自己:"我的能力只有60分,比平均水平略好一点点,没有出众的才华,所以必须拼命努力。"接着他点燃热情,专心致志,勤奋努力,热情达到"90分"。因此,他的得分为60分乘以90分,为5400分,与刚才那个能力高但不肯努力的人的2700分相比,得分要高出一倍。

接着,如前面所说,人生方程式中最关键的是在"能力"与"热情"的乘积之上,再乘上"思维方式",而这一要素的分数范围在-100~+100分。

一个人如果愤世嫉俗,否定真挚的生活态度,那么其"思维方式"就是负值。这样的人"能力"越强,"热情"越高,其人生和事业结果的负值越大。

那么,我们应该拥有怎样的"思维方式"呢?我想列举一下我心目中的正面"思维方式"。保持乐观积极,有建设性;乐于与大家一起工作,有团队协作精神。开朗,凡事持正面的态度;充满善意,关爱他人,待人亲切;认真、正直、谦虚、勤奋;不自私自利,不贪婪,懂得知足,怀有感恩之心等。

我认为正面的思维方式就是类似上面提到的这些特质。此外,负面思维方式又是什么呢?负面思维方式正好与刚才列举的正面思维方式相反,我同样列举一下。悲观、对事物持否定态度、不合作;阴暗、满怀恶意、固执、陷害他人。不认真、撒谎、傲慢、懒惰；自私自利、贪婪、只知抱怨；怀恨、嫉妒别人。这些都是不好的思维方式。

一个人的思维方式是正面还是负面，其分数是高还是低，是影响整个方程式结果的关键。

描述经营者应有思维方式的"京瓷哲学"

自从想出这个方程式以来，我一有机会就向员工讲解这个方程式："思维方式极其关键，一个人的人生、工作的结果完全取决于他的思维方式。"

这就是说，我认为经营者必须拥有优秀的思维方式和高尚的品格，因此我一直致力于将这一方程式的值提高到最大限度，提升企业水平。

就这样，我把"作为人何谓正确"当作判断基准，凭着"以正确的方式将正确的事情贯彻到底"的态度，每当在日常工作中有所体悟，就立刻记录在记事本中。

于是，不知不觉间，记事本被我写得满满当当。我把这些思维方式称为"京瓷哲学"，把它作为自己行动指针的同时，还将它作为企业哲学，努力与员工共有。在此，我想对"京瓷哲学"中的几条稍做介绍。

在工作、人生及企业经营中"脚踏实地，坚持不懈"

首先是"脚踏实地，坚持不懈"。

人应该拥有宏伟的梦想和愿望，这十分重要。然而，即使制定了宏伟的目标，在平时却仍然不得不从事那些看似枯燥乏味的日常工作。因此，有时人们会因为"梦想与现实之间存在的巨大落差"而倍感苦恼。

但无论在哪个领域，想要取得辉煌的成果，就必须脚踏实地、一步一步、坚持不懈地努力，做好采取措施改良改善、收集基础实验数据、四处跑业务等工作。

人生也一样。人生中并不存在喷气式飞机般方便快捷地把人送到目的地的交通工具，帮助你轻而易举地到达目的地。唯有像尺蠖虫一般，脚踏实地、勤勤恳恳、一步一步向前走。

但是，我们却因自己描绘的目标与现实之间的巨大鸿沟而倍感焦虑："每天埋头从事这些枯燥乏味的工作，能起什么作用呢？这样下去，梦想真的能够实现吗？"

其实我也有过类似的苦恼。希望公司能取得更大的成就，但却不得不解决横亘在眼前的一个个问题，反复从事枯燥乏味的工作。像这样日复一日地做这种工作，企业能够有大发展吗？对此我一直十分苦恼。

但经营企业不能靠经营者单打独斗，必须得到员工的协助。我领悟到："一个人能做的工作有限，但只要团结众多志同道合的人，脚踏实地、不懈努力，就能取得伟大的成就。"

因此，我希望部下能和我拥有同样的思想。于是一有机会就向他们讲述、共有自己的思想理念，在组织中统一思想，团结全员的力量，做好日常工作。正因为拥有脚踏实地、不懈努力的集体，京瓷才能取得今天的成就。

为踏实的努力提速的"钻研创新"

为了进一步加快"踏实的努力"，我想出了一个办法，那就是"钻研创新"。

"钻研创新"听起来好像很困难，其实它就是指"不断改良改善，使明天胜过今天，后天胜过明天"。

不要重复同样的作业，而是发挥创意，今天试试这样干，明天试试那样干，找出更有效率的工作方法。即便是单调乏味的工作，只要不断刻苦钻研，发挥创意，也能实现巨大的飞跃。

京瓷公司虽然以制造零部件起家，但如今却拥有从手机到复印机等范围广泛的、高超的技术，但京瓷并不是一开始就拥有如此广泛的机器研发制造技术。即便在精密陶瓷领域，京瓷也不是从创立伊始就拥有高水平的技术。

从创立起至今的半个世纪以来，京瓷全体员工在各自的工作岗位上日日刻苦钻研，不断发挥哪怕是微不足道的创意。这种坚持不懈的积累沉淀，正是京瓷广泛而先进的技术的来源。

我一直致力于挖掘精密陶瓷的所有可能性。我坚信"精密陶瓷的应用范围不只限于电子技术领域"，一直积极地将陶瓷技术应用在其他产业领域。

打个比方,陶瓷有耐高温、耐磨损、硬度仅次于钻石的物理特性,那么是否可以将陶瓷用在易磨损的地方呢?我带着这个想法四处探寻,希望找到有耐磨损零部件需求的公司。

当时,在纺织业已经出现了尼龙等化学纤维材料。尼龙韧性高,在制作尼龙的工序中,用于绕尼龙线的金属部件很快就会损耗报废。

我认为只要用陶瓷部件代替金属部件,这个问题就能迎刃而解,于是着手研发这种部件。就这样,纺织机械上开始大量使用陶瓷部件,我乘胜追击,更加积极地四处探寻"是否存在其他陶瓷应用领域"。

不久,我在开拓美国市场时发现了晶体管的商机,开始获得用陶瓷制造晶体管端子部件的机会。这种零部件的技术要求很高,但京瓷想方设法成功研发出了该部件。在一段时期，京瓷成为世界唯一生产、供应晶体管端子的制造商。

不久晶体管被IC取代，当时的京瓷已经开发出陶瓷IC封装产品，这一产品为后来的半导体带来了迅速发展，京瓷再次取得巨大的飞跃。

京瓷之所以有这些成就，并不是我对技术的更新换代有预见能力，这只是我不安于现状、全方位刻苦钻研、发挥创意，勇于向新领域发起挑战的结果。这样的举措造就了今天的京瓷。坚持刻苦钻研，换言之，"不断从事创造性的工作"，是发展事业最基本的方法和手段。

在诸位当中，有不少人因为现在的工作没有前景而想从事新业务，却苦于没有人才、技术和资金，结果只好望洋兴叹，半途而废。但事实并非如此，只要在现有的工作中不断钻研创新，彻底探究其中全新的可能性，就必定能取得出色的发展。

我们决不能漫无目的地重复昨天相同的动作,而必须在日常工作中,时刻思考"还有什么办法可以做得更好",时刻带着疑问,事事问个"为什么",抱着"今天胜过昨天,明天胜过今天"的思想,持续改良改善,不久必将会取得划时代的成果。

同时,在脚踏实地、不懈努力的过程中,日日钻研创新,持续改良改善,不仅是提高企业技术实力的手段,甚至说是中小企业蜕变为大企业唯一切实有效的方法也不为过,京瓷的发展有力地印证了这一点。

以心为本的透明经营

另外,京瓷哲学中还有"玻璃般透明的经营"这句话。京瓷从创立起,就十分注重"以心为本的经营",为了和员工构筑信赖关系,经营必须"透明"。

这就是说,企业必须追求"玻璃般透明的经

营"。例如，公司有多少订单，与计划相比延迟了多少；同时，利润有多少，用在了什么地方等。不仅仅是干部，公司所处的真实状况也应该让员工看得一清二楚。

为此，领导者应该立足于企业所处的现状，把自己当下的所思所想、追求的目标正确地传递给员工，这一点至关重要。通过准确告知员工企业现状、面临的课题及追求的方向，统一员工思想，团结他们的力量，否则就无法实现高目标、攻克难关。

另外还有一点，在"玻璃般透明的经营"中最重要的是领导者自身必须有贯彻"率先垂范，光明正大处理业务"的姿态。经营领导绝对不得挪用企业经费，随意花费招待费等费用。一旦经营者有类似的行为，就会招致员工叛离，道德败坏的风气就会在组织中如野火一般蔓延，进而动摇整个企业的根基。

假如没有经营哲学

在"京瓷哲学"中,还有"光明正大追求利润""贯彻公平竞争的精神""重视公私分明"等对经营提出的要求。作为一个经营者,我自己先坚守这些朴素的原则,同时努力将这些原则在全体员工中共有。

如果没有这些经营哲学,情况会怎样呢?

如果经营者没有清晰的哲学,就会在经营中一味追求利润增长,追求所谓的"合理"及效率。而且,还会将"为了赚钱可以不择手段"的风气带入公司内部,最终导致企业出现员工和干部"为了赚钱,采取一些不正当的手段也没关系"的现象。

如果企业对这些"不当手段"视若无睹,那么整个公司的道德很快就会堕落。在这种道德败坏的组织当中,那些有思想的老实人也不再认真工作,于是公

领导者应有的姿态

司风气急转直下,业绩也逐渐恶化。

事实上,快速成长起来的公司转眼间轰然倒塌的案例,在日本也好、欧美也好都屡见不鲜,在巴西想必也数不胜数。

我相信人之初,性本善。但人性是脆弱的,往往败给自身欲望,屈服于环境,爱好虚荣,结果若无其事地走上与"为人之道"相反的道路,这也是事实。

因此,我反复强调,人必须拥有哲学,以作为迷茫时的判断基准。尤其是拥有众多员工、承担着重大责任的经营者,应该在高尚的道德伦理的基础上确立经营哲学,以此自我诫勉,同时努力与员工共有。

为了事业成功,为了让组织发挥正常的机能,领导者自身所拥有的"思维方式"变得尤为重要。经营者应当具备普遍正确的思维方式,用优秀的经营哲学从事企业经营,这是事业发展、企业持续繁荣最大关键。

刚才我也说过,京瓷的成功是因为拥有清晰的经营哲学,并且没有停留在口头上,而是由包括我在内的全体员工真心诚意的实践而达成。

GEF小组的诸位成员也务必重新认识哲学、思维方式的重要性。在此基础上,最大限度地发挥"热情",不断付出不亚于任何人的努力,进而100%发挥自身拥有的"能力"。

今天,我以"领导者应有的姿态"为题,向大家讲述了我心目中的"领导者必须具备的三要素"。领导者必须向集团描述充满梦想的"愿景",同时说明其"使命",进而自身养成"高尚的人格"(良好的思维方式),将企业导向正确的方向。

我坚信,在场的诸位只要按图索骥,努力实践,不仅是企业,领导任何组织都会马到功成。

要 点

经营者应当描绘满怀梦想的"愿景",并与全体员工共有,同时提出具有大义名分的"使命",点燃员工的使命感。最后,经营者自身必须拥有崇高的"人格",这些是对经营者提出的关键要求。

○

企业中所有人是否拥有共同的梦想和愿望,是否认为"应该这样做",决定了企业拥有怎样的势能。拥有美好的愿景、共同的愿望,就能激发强烈的意志,产生排除万难、朝梦想前进的力量。

○

"我们要成为这样的公司"——描绘愿景,并与员工共有,这是企业发展壮大的最大原动力。

○

在创立第二电电时,我把握一切机会向员工讲述

"为了国民能用上更便宜的长途电话"这一事业目的。因此,"为国民而工作"的企业使命深入人心,全体员工把它视作自身的使命,拼命努力,坚持不懈。正因为如此,在所有新成立的电信公司中,只有第二电电取得了胜利,至今依然繁荣兴隆。想要发展企业,就必须在描述目标的同时,揭示具有大义名分的目的,这一点至关重要。

○

无论拥有多么出色的目标和高尚的目的,如果经营者没有高尚的人格,就无法达成企业愿景,企业也无法做到永续发展。经营者的判断、决策是其人格品性赤裸裸的体现。正因为如此,经营者的人格显得格外重要。

○

在商业世界,只要对手比你努力,你就已经输了。经营者必须付出不亚于任何人的努力,而不能满足于普通程度的努力,否则就无法在残酷的社会中取得胜利。同时,这种努力也不是爆发式的、暂时的,而是辛辛苦苦,永无止境的。

○

人生和事业的结果,取决于"思维方式""热情"和"能力"三个要素相乘的结果。只要"思维方式"为负值,就会对人生和事业的结果产生负面的影响。

○

正面的"思维方式"是指乐观积极,具有建设性;是指具备团体精神,善于团队协作;是指开朗,对事物持正面态度;是指充满善意,关爱他人,待人亲切;是指认真、正直、谦虚、勤奋;不自私自利、贪婪,而是懂得知足,怀有感恩之心等。

○

人生中并不存在喷气式飞机般方便快捷地把人送到目的地的交通工具，我们只能像尺蠖虫一般，脚踏实地、一步一步、勤勤恳恳地向前走。

○

企业经营不能靠经营者单打独斗，必须得到员工的协助。一个人能做的工作有限，但只要团结众多志同道合的人，脚踏实地、不懈努力，就能取得伟大的成就。

○

明天胜过今天，后天胜过明天，必须不断改良改善。不要重复相同的作业，而是刻苦钻研，发挥创意，只要坚持这么做，即便是枯燥乏味的工作，也能取得巨大的飞跃。

○

在日常工作中，时刻思考"还有什么办法可以做得更好",心存"为什么",抱着"今天胜过昨天,明天胜过今天"的思想,持续改良改善,用不了多久,就能做出划时代的成果。

○

在脚踏实地、不懈努力的过程中,日日钻研创新,持续改良改善,不仅是企业提高技术实力的手段,甚至说是中小企业变身为大企业唯一切实有效的方法也不为过。

○

为了与员工构筑信赖关系,就必须在经营中实行"透明"的原则。要做到这一点,领导者自身首先必须有贯彻"率先垂范,光明正大处理业务"的姿态。

○

人需要哲学作为判断的基准,身负重任的经营者更当如此。经营者应当在高尚的道德伦理的基础上确立企业经营哲学,在自我诫勉的同时,努力与员工共有。

○

为了取得事业成功,让组织发挥正常机能,领导者本身的思维方式尤为关键。经营者应当拥有具备普遍性的、正确的思维方式,以优秀的经营哲学从事企业经营。这是事业发展、企业持续繁荣的关键。

向西乡隆盛学习领导者应有的姿态

库里提巴盛和塾塾长例会讲话
——2007年10月21日

本文是2007年10月库里提巴盛和塾（巴西）塾长例会的演讲稿。

就"领导者应有的姿态"这一话题，稻盛一边讲解故乡鹿儿岛的伟人西乡南洲（西乡隆盛）所著的《南州翁遗训》，一边讲述"京瓷的经营根本，即社训'敬天爱人'的思想，是企业发展的重要思维方式。同时，在南洲先生思想中贯穿始终的'无私'精神，正是领导者必须具备的思维方式。"

我所尊敬的故乡伟人

今天,我想引用我故乡的伟人西乡南洲的话,讲讲领导者应有的姿态。

近年来,企业界连连爆出丑闻,即便一些大企业也因此淡出历史舞台。这些丑闻与企业经营者不无干系,而且一直以来没有根绝的迹象。同时,不仅仅是企业界,政界也接连出现丑闻。这些由领导者引发的丑闻正在不断地侵蚀着日本整个社会。而且,不仅日本,美国、欧洲、巴西……世界各国都面临着相同的问题。

古今东西,一个组织、集团的成败取决于其领导者。虽然人们都在强调领导者的重要性,但人们对"领导者应由怎样的人担任"缺乏共识,这也是当今社会人心败坏的原因。

在我心目中,理想的领导者就是150年前江户时期的西乡隆盛。当时，日本还处于封建社会，为了把日本变为现代国家，西乡隆盛完成了巨大的体制革新，是"明治维新"的功臣。西乡隆盛是我最尊敬的历史人物，我还把西乡最喜爱的、常常在书中提及的座右铭"敬天爱人"作为京瓷的社训。

因此，今天我想结合自己半个世纪以来身为企业人的经验，在尊敬的故乡伟人、明治维新的大功臣西乡隆盛思想的基础上，给大家讲一讲"领导者应由怎样的人担任"这个话题。

会客室中的"敬天爱人"

我在鹿儿岛出生长大。从鹿儿岛大学工学部毕业后，我在京都某家绝缘瓷瓶工厂就业。然而，那家公司连年亏损，第一个发薪日就发不出薪水，因此我们几个同期进入公司的年轻人一聚在一起就互相抱怨。

最后，只有我一个人留在了那家公司。

无可奈何之下，我唯有转变心态。于是，从属于研究部门的我开始忘我地投入到精密陶瓷的研究当中，结果成功合成了新材料，这在日本尚属首次。此外，我还取得了许多研究成果。

但在27岁时，由于某些原因，我离开了公司。在多位支持者的厚爱和帮助下，京瓷公司成立了。几位京都的经营者筹集了300万日元的资本金，其中一人还用自家房子做抵押，向银行贷款1000万日元。对他们的厚爱感激不尽的同时，我也深深地感到自己肩上的重任。

我是一个技术人员，在研发方面还算胜任。在以前工作的公司里，我也曾带领过50人，负责从精密陶瓷的开发到量产的系列工作，因此在用人方面也有一些经验。但公司成立后，每天都有许多员工跑来找我商量"我想做这个，你看怎么样"，不论年龄大小，都来问我的意见。我根本没有经营企业的经验,身边也没有懂得经营的人,因此心中十分苦恼。

创业不久,一位帮助我创立公司的人出差回来,他对我说:"我买了一样好东西,是你家乡的大前辈西乡南洲的作品。"原来他带回来了一幅西乡先生的字,上面写着"敬天爱人"四个大字。我小时候常去老家附近的城山玩耍。城山是西乡隆盛逝世的地方,在那座山的隧道上,有一块写着"敬天爱人"的石碑,而且,我的小学校长的房间里也挂着"敬天爱人"。因此,我看到这幅字倍感亲切,心中十分高兴,于是马上将它装裱起来,挂在公司唯一的会客室里。不过,当时我对这幅字的欣赏,还只停留在对公司创始人厚爱的感恩,和"从小认识的故乡伟人西乡南洲的字"这一亲切感上。

从公司成立的那一刻起,我就面临着各种经营判断。从那一刻起我才知道,面对一个个课题做出"这个可以做，那个不可以做"的判断，是企业领导者的职责和义务。但当时的我并没有任何判断所需的基准，因此感到非常烦恼。只要做出一个错误判断，就很有可能令好不容易成立的公司破产，员工也可能因此流落街头，我担心得整夜无法合眼。身为领导者，我的一举一动竟然可能决定公司的命运和员工的一辈子——越这么想，我心中越担忧。再有，若公司倒闭的话，那些出资帮我创立京瓷的人们，尤其是那位以自己房子做抵押从银行贷款1000万日元的人，他们将会遇到多大的麻烦！这就像一块重石压在了我的心上。

到底以什么为基准进行经营决策，对此一无所知的我在百般苦恼之下苦苦思索，最后决定以幼时父母和老师所教的"应该做的"和"不应该做的"作为判断基准。思来想去，我所有的，只有那些幼稚、淳朴的道德观、伦理观，所以只好将这些当作经营判断的基准。不过身为一个领导者，我无法将这个幼稚的理由对员工宣之于口，于是我向员工呼吁：

"今后我们要将'作为人何谓正确'这一点作为企业经营的判断基准。在大家看来，这句话似乎很幼稚、很朴素，但它是事物的根本，简单明了。所以，今后我打算遵循'以正确的方式贯彻正确的为人之道'经营企业。"

就这样，我一边说服员工——同时也是说服自己，一边从事企业经营。在决定将"贯彻正确的为人之道"作为京瓷公司的判断基准后，我一抬头看见会客室里挂着的西乡的"敬天爱人"，猛然发现，西乡南洲的"敬天"，也就是尊敬上天，其实跟我所说的理念相同。这个发现给我带来了极大的勇气。换句话说，"正确的为人之道"就是西乡所说的"天道"，西乡用"敬天"一词强调依循天道践行正确之道的重要性。当我认识到这一点时，再次强烈地感到，"自己拼命思考的结果或许很幼稚，但绝对没有错"。

今天，京瓷已成长为销售规模超过2800亿日元的大型企业，在全球拥有多家工厂，有超过6万名员工，但京瓷的经营方针一如既往，与创业时一模一样。那就是在经营中"贯彻正确的为人之道"，也就是西乡所说的"循天道"。如今，全世界的京瓷都把"敬天爱人"作为社训，可以说，在全球保持发展态势的京瓷，其经营核心理念中蕴含着西乡南洲的思想。

普通人认为，经营必须注重战略战术。在这种风潮中，我却以"贯彻正确的为人之道"这一简单淳朴的理念作为自己经营企业的姿态，并一直坚持到今天。然而，随着目睹近年企业界发生的一起起丑闻，我再次深刻地感受到"贯彻正确的为人之道"这一淳朴的原理原则的重要性。

正因为如今的企业经营者忘记了这些淳朴的原理原则，一味沉溺于经营计谋和耍小聪明，才会出现这么多的丑闻。2001年，美国大型能源企业安然公司因其经营领导者营私舞弊，转瞬间轰然崩垮；同时，收购了MCI公司（这家公司是我创立第二电电时学习的榜样）的美国第一大电信公司世通，也由于经营者参与造假账而陷入依照《联邦破产法》申请破产的境地。

就这样，由于企业领导者引发的丑闻，大企业纷纷瞬间破产，使这些企业的投资者、顾客和员工纷纷陷入悲惨的境地。因此，如今美国证券交易委员会（SEC）为了不再发生类似的丑闻，以监督企业管理，也就是让企业做好"公司法理"为目的，制定了规则繁多的《萨班斯法案》（企业改革法），适用于所有在纽约证券交易所上市的企业。

尽管人们为了防止丑闻发生，正在努力完善法制。但我认为，无论再怎么完善法规，只要领导者有丝毫"为了增加自己的利益可以不择手段"的思想，丑闻就不可能根除。只有在经营时无愧于上天，也就是彻底贯彻西乡所说的"敬天"，才能防患于未然，杜绝丑闻的发生。

同时，也可以把这种思想称为"贯彻正确的为人之道"。接下来，我想讲一讲自己年轻时的经历，以说明这一理念的重要性。

《南洲翁遗训》中的"领导者应有的姿态"

在京瓷成立第三年，上一年招聘的高中毕业生突然一起来到我身边，对我说他们对未来感到不安，逼迫我许下给他们"涨工资、加奖金"的承诺，以保证他们将来的待遇。

"京瓷才刚刚成立，只要我们齐心协力，就能让京瓷成为出色的公司。"我苦苦解释。但无论我怎么解释，他们都不接受，一味要求："如果不能保证我们的未来，我们今天就辞职。"

我把他们带回当时自己住的廉租公寓，与他们谈了整整三天三夜。最后，我把心一横，说道："我不能保证给你们加多少工资，发多少奖金。我自己也不知道公司将来会怎么样，即便答应你们，也是在说谎。但我比任何人都努力去守护这家公司，我强烈地希望把京瓷发展壮大，提高你们的生活待遇。请相信我的诚意，如果我辜负了你们的信赖，你们可以杀了我。"

听了我的这番话，他们面面相觑，先有一个人点了头，接着是两个、三个……就这样，虽然很勉强，但最后所有人都接受了我的说法。

员工的反叛平息了，我虽然松了一口气，但当晚彻夜难眠。说得难听一点，当时我想："经营原来是这么划不来的傻事。"

第二次世界大战前,我父亲在鹿儿岛市内开设了一家印刷厂,但在空袭中房子和机器都被付之一炬,因此战后他再没有从事这项工作。母亲带着我们七兄弟,靠卖和服把我们拉扯大。妹妹为了让我读大学,高中读到一半就退学了。因此,在工作之后,尽管薪水微薄,但我依然每个月寄钱回家,京瓷成立后也一直保持着这个习惯。就这样,本来需要努力赡养家人的我却不得不照顾毫无血缘关系的人一辈子,这令我非常苦恼。我甚至感到后悔:"早知如此,就不创业了。"

原本,京瓷公司成立的目的是"让稻盛和夫的技术问世"。在以前的公司中,我的研究和技术没有得到充分认可,于是以为只要自己成立新公司,就能尽情地让自己的技术在世间发扬光大,我为此大为欢欣鼓舞。起初,京瓷成立的目的就是源自这种技术人员的愿望。然而，员工反叛将我把京瓷当作"稻盛和夫的技术问世的舞台"这一梦想瞬间打得烟消云散。在褪去技术人员的浪漫理想，将京瓷的目的改为保障员工生活的同时，我感到一丝莫名的失落。

然而，经过彻夜思考，我开始发自内心地领会到：所谓企业，就是要让员工欢欣喜悦，这才是企业真正的目的，才是重中之重。于是，翌日我立刻将企业的目的定为"追求全体员工物质与精神两方面的幸福"。同时，考虑到如果只有这一点，企业无法实现其作为社会公器的作用，所以又加上了"为人类的进步发展做贡献"这一句，并将这一企业目的作为京瓷的"经营理念"。

在确定京瓷的目的之后，我一抬头，挂在会客室的"敬天爱人"中的"爱人"猛然映入眼帘。这不正是西乡南洲所说的"爱人"吗？这一刻，我似乎突然理解了西乡南洲所说的"爱人"——也就是关爱普罗大众——这一思想的精髓。

京瓷上市一段时间之后,一位住在日本山形县的先生前来拜访。他听说有一位出身于鹿儿岛的年轻经营者在京都创业,企业经营得有声有色,于是前来拜访。他对我说了下面这番话:

"在庄内一带,西乡南洲至今仍然受到许多人尊敬和爱戴。同时,西乡南洲思想之集大成的《南洲翁遗训》的编著者并不是萨摩人,而是庄内人。我想把这本遗训集送给你,所以特意从山形县赶来。"

虽然我遵循"敬天爱人"这一理念经营企业,但在拜读了这位先生送的《南洲翁遗训》后,再次被西乡那崇高的哲学思想深深感动。我认为,对企业经营的领导者而言,这是特别重要的要诀,于是将这本遗训放在案头,时不时翻阅品读,反复学习西乡的思想。

就这样,在学习西乡南洲的思想哲学的过程中我发现,他的思想道尽了"领导者应有的姿态",因此接下来我想引用其中具备代表性的描述,为大家稍做讲解。

领导者需大公无私

下面是《南洲翁遗训》中的第一则。我觉得,这一则在当今这个混沌迷乱的时代尤显重要。其内容如下:

"立庙堂为大政,乃行天道,不可些许挟私。秉公正,踏正道,广选贤人,举能者执政柄,即天意也。是故,确乎贤能者,即让己职。于国有功勋然不堪任者而赏其官职,乃不善之最也。适者授官,功者赏禄,方惜才也。"㊀

㊀ 《南洲翁遗训》的原文部分翻译参考了2011年10月新世界出版社的《南洲翁遗训》,许文,下同。——译者注

译文:

"身居政府核心为国家执政即是行天道,因此行事绝不可以掺杂半点私心杂念。彻底秉持公平,依循正道,广选贤能,提拔有能力履行职务的人执掌政权,这是上天的意志。因此,若有贤能且胜任的人,就应该立刻退位让贤。不论对国家做出了多大的功勋,如果将官职授予不胜任的人,用以表彰其功绩,这是最不好的选择。选拔官员应该选尽职胜任的人,对有功之人则应该赏给他们丰厚的金钱回报。"

西乡《南洲翁遗训》开篇明义,点出了任人用才的要义。读到这一段时,我猛然意识到,这里虽然举的是从政的例子,但不论是中小企业的经营者,还是规模更小的组织,但凡领导者都必须具备这种意识和心态。换言之,西乡表达的意思是,身居领导岗位的人就是在行天道,因此不可以掺杂一丝一毫"爱己"的私心杂念。读到这里,我不禁激动得微微颤抖起来。

当时,京瓷不断发展壮大,开始声名鹊起,但我内心却感到极度不安,不知道公司什么时候会面临破产危机,就怕员工因此流离失所,于是忘我拼搏,埋头苦干,全身心投入企业经营建设之中,哪怕牺牲所有私人时间也在所不惜。企业也好,非营利组织也好,不管任何团体、组织,原本都是没有自主意识和思想的无生命体。然而,当居于组织领导地位的人赋予组织意识,也就是为组织注入生命时,组织才开始像生命体一般活动起来。

举个例子,在我担任京瓷社长、一天24小时为京瓷思考时,京瓷这一组织才开始活过来,才开始拥有意识。但一旦我下班回家,恢复个人身份时,企业的脑组织就陷入沉眠,相当于京瓷这个组织失去了意识。

如果经营者不一天24小时为企业思考,企业就会开始丧失机能,因此经营者根本无法顾及个人事务。然而,这对个人而言太过苛刻,我因而时时苦恼,反复自问自答。一个人如果没有私人时间,也就谈不上个人生活。但我还是意识到自己身为众人之长,应当尽可能压缩自己的个人时间,多把时间奉献给众人。换言之,哪怕牺牲自己,也要将精力全部倾注在企业上——在深深苦恼之后,我开始意识到这是身为领导者的义务。恰在这时,我读到了西乡南洲所说的刚才那一段话。

对此我深有同感。当一个身居领导的位人开始考虑个人立场时,组织就会开始没落。西乡南洲告诉我们一个道理:如果一个人不能时刻为组织着想,无法做到牺牲自我,就无法成为领导者。

珍惜同甘苦、共患难的人

同时,西乡开篇就指出:

"于国有功勋然不堪任者而赏其官职，乃不善之最也。适者授官，功者赏禄，方惜才也。"

译文：

"不管一个人对国家有多大功勋，只要他无法胜任职务，就不能用官职作为奖励，否则就会出现最坏的结果。选拔官员时，要选择适合的人、能胜任的人。对有功劳的人应该给予物质上的奖励，并重视他、珍惜他。"

这正是任用人才的要诀，非常适用于企业经营。

在企业规模尚小时，只能招揽来与企业实力匹配的人才。但只要企业规模变大，经营者就会产生招揽人才的欲望，开始渴望招来更聪明、更优秀的人才。如果一个企业一直保持中小企业的状态，这或者还不成问题，但一旦企业发展壮大，在人才选拔任用方面就会出现两种情况。

一种情况是经营者对共同创业、辛苦打拼、同甘共苦的老臣子非常重视。随着企业规模不断壮大,这些老臣子往往当上专务、副社长。然而,当企业规模从一两亿日元发展为100亿、1000亿日元时,往往要求经营者具备高超的经营能力。有的企业仅仅因为这些老臣子是甘苦与共、立下汗马功劳的创业期伙伴,就将企业经营重任完全交给他们。

的确,这些伙伴过去不辞劳苦,为企业立下了汗马功劳,为企业的今天做出了贡献。但将守护上千亿日元规模的企业重任交给能力不足的人,对这样的人委以要职,往往会导致企业破产,这样的例子我们时有耳闻。

另一种情况是伴随着规模不断扩大,企业越来越渴求新的人才。领导人抛开私心,把自己的事情束之高阁,就能逐渐发现原来的部下能力不足。他们虽然曾经与自己同甘共苦,但仅仅依靠他们,企业无法取得更大的发展，需要不断地引进新的人才。

例如，企业不断引进MBA之类、学过高级经营管理方法的人才，并委以要职以图企业发展。但这么做的结果会导致那些共同创业、甘苦与共的老干部产生"兔死狗烹"的想法而失意离去。

随着企业的发展壮大，从企业还是中小规模时期起同甘共苦的主管们纷纷离去，最终连一个都没有留下；那些随着企业规模变大而加盟的精英，虽然才能出众、能言善辩，却随着位高权重而变得日益跋扈。在这样的公司，由于作为企业精神支柱的老管理干部的离去，企业逐渐变质，不久走向没落。这样的事例我们在现实中也曾耳闻目睹。

时常有经营者问我："随着企业的发展，原本一起创业的老臣逐渐跟不上步伐，我想聘用更优秀的人才，这样做好吗？"

这时，我总是这么回答："聘请优秀人才是必要的，但请务必珍惜那些与企业同甘共苦的伙伴。"当企业弱小时，我们只能找到与企业规模相匹配的人。即使想聘请毕业于一流大学的优秀人才，也不会有人前来应征，来的往往都是与企业当时水平相当的人。也就是说，当时加入企业的往往都是能力不强的人。这是因为连经营者自己的水平都不高，企业自然只能招来这样的人。但是，经营者往往因此感到不安：这样下去不行，企业发展需要优秀人才。

我常常劝告这些经营者："你们公司中应该有不少曾经与你同甘共苦、现在依然追随你左右的老臣，请你珍惜他们。因为他们在企业又破又小时加入，水平自然与当时的公司相匹配，没有什么学问。然而，他们从公司还小时就任劳任怨、勤勤恳恳、持续艰苦奋斗二三十年，其人格必定得到了长足的成长，所以请务必珍惜他们。"

长年坚持勤勤恳恳、辛辛苦苦工作，能够让一个平凡的人变得不凡。那些看似毫无才华的人经过30年专注工作，会变得非凡。闻名遐迩的名人高手几乎全是这种类型。

例如，一个人毫无学问，只会转陶轮制作陶器，但在从事这项工作30年后，他就会成长为一名优秀的艺术家，谈吐往往投射出内在沉淀的高尚品格，深深地打动人心。因此，在被问到类似问题时，我常常这么回答："毕业于一流大学的优秀人才不一定能有大成就，只有那些长期坚持努力、不断沉淀的人，才能得到长足的发展。因此，请务必珍惜与你甘苦与共的人，他们为你奠定了企业的基础。如果轻视这些基础，就无法成就优秀的企业。"

在我最初就业的绝缘瓷瓶工厂，有的人高中刚毕业就加入公司，在我身边担任助手。后来，他信任我，跟我一起辞职，共同创办京瓷。于是，后来我让他长期担任京瓷的社长、会长。同时,我在京都站前直接招聘的那些高中应届生,也都纷纷当上了京瓷的专务。这些与我一起同甘苦、共患难的创业伙伴,现在都几乎全部退休,他们都持有很多京瓷的股票,如今过着富裕而幸福的生活。这些人通过坚持不懈、专心致志的努力,不断提高自己,最后赢得了应有的回报。

要谦虚不要骄傲

我这个才华并不突出、随处可见的青年,全心全意、专心致志、付出不亚于任何人的努力、坚持不懈投入工作的结果,就是京瓷的不断发展壮大。

然而,我心中仍然焦躁不安,不知什么时候公司就会败落。现在,京瓷虽然已经成为销售规模超过1.28万亿日元的大型企业,但我仍然感到担忧。不过，这种挥之不去的担忧反而成了一股动力，促使我更加拼命工作。当这种危机感消失时，也就是经营者放松警惕，公司走向没落的时候。

举个例子，最近日本的年轻经营者纷纷开始创业，大展所长，不久公司便实现上市。可当上市之后，他们立刻将手里的股票卖掉，成为亿万富翁。这些年轻人才不过30来岁就坐拥数百亿日元的财富。可是，这些曾取得巨大成功的人士往往不久便走向没落。近来这种例子在日本屡见不鲜。

回想起来，京瓷在1971年大阪证券交易所上市时，票面为50日元的股票首发价为590日元。在上市之际，证券公司的人一般都会劝创始人出售股票以获得资本回报，但我却一股都没有卖，所以我个人没有因为股票赚到一分钱。

京瓷是通过发行新股票走上公众市场的，因此京瓷通过交易股票所得的一切资本收益全部归属公司。

随着京瓷资本金增加，企业财务实力越来越雄厚的同时，资金也不断被投入新的投资项目，致使京瓷的事业得到进一步发展。

企业一旦发展，大多经营者就立刻变得眼高于顶，把一切成就归功于自己，结果不久就陷入没落。正是因为有所成就，才更应该"要谦虚，不要骄傲"，这一点非常关键。京瓷上市时，我不断用这句话告诫自己，在《南洲翁遗训》的第二十六则，也提到了相关内容，内容如下：

"爱己为最不善也。修业无果、诸事难成、无心思过，伐功而骄慢生，皆因自爱起，故不可偏私爱己也。"

译文：

"爱己是最为不善的事。修行无果，事业无成，不思悔改，这些都是因过分在意自己的功劳而目空一切、过分爱己而起。所以，绝不能偏私爱己。"

"正是因为我的努力与才华，公司才得以发展、上市，这一切都归功于我的才干。所以，我享有所有成果也是理所当然的。"经营者如此狂妄自大，企业才会败落。因此我时刻告诫自己，以"要谦虚，不要骄傲"为座右铭，无论京瓷有多大的发展，都兢兢业业工作，直到今天依然如此。

中国古语："惟谦受福。"意思是，人如果不谦虚，就无法获得长久的幸福。自古以来就有这样的至理名言告诫人们，要防范爱己之心，也就是私心的抬头。

"无私"在西乡南洲的思想中贯穿始终。秉承公平忘我之心这一无私的思想，对领导者而言至关重要。

越是居上位者，越有看重自我的倾向，这是一般的情况。经营者也是因为众人协助，历经艰难，才取得成功的。然而，一旦功成名就，有的人就开始把自己放在首位，一味重视自己的名誉、地位和安全。另外，有些原本大张旗鼓标榜清廉公正的政治家，因多次当选，在不知不觉中变质，开始珍惜起自己的权势。

企业经营者也好，政治家也好，官员也好，越是位高权重，越应该以身作则，自我牺牲。如果缺乏奋不顾身、不怕吃亏的勇气，就不应该居于高位。不，应该说没有资格身居高位。缺乏自我牺牲勇气的人身居高位，只会为下面的黎民百姓带来不幸。

摒弃私心是领导者最重要的品质。我认为，西乡的《南洲翁遗训》通篇都在阐述这个思想，西乡南洲自身的所有思想都可以归纳为"无私"这一观点。

为社会为世人尽力

最能明确体现西乡这一"无私"思想的是《南洲

翁遗训》第三十则的内容：

"不惜命、不图名、亦不为官位钱财之人，困于对也。然无困于对者共患难，国家大业不得成也。

译文：

"不惜生命、不图名誉，也不求官位钱财，这样的人是很难对付的。然而，如果没有这种难以对付的人共同分担忧患，则难成大业。"

"不惜生命、不图名誉，不求功名利禄难以对付的人"——我想，这正是拯救当今世界于混沌乱象的领导者的终极理想姿态。但令人感到无比遗憾的是，当今在我们周围的各界领导者中，鲜有具备这种精神及践行这种思想的人。

这难道不正是当今世界陷入混沌乱象的原因吗？这不禁令我感到，不分国界、不分行业，各种丑闻频现不止，社会深陷混沌，这一切都是由于没有人拥有西乡南洲所说的"无私"精神，更没有人将其视为自身使命去实践。正因为身处这种时代，才更要求领导者拥有优秀的品格和崇高的人性，换言之，就是要求领导者必须有将自身置之度外，为社会为世人尽力的崇高品格。

高贵的人格、纯粹的思想、高迈的哲学——只有具备这些品质的人被选为各界的领导者，才能迈出"让现代社会变得更美好"的第一步。

踏正道，推至诚

西乡南洲在《南洲翁遗训》第七则这样讲道：

"事无大小，踏正道推至诚，凡事不可使诈。人临障碍，多爱用计，一旦事畅，后伺机而动。然计必生烦，事必败矣。行正道，目下迂远，然先行则早成也。"

译文：

"无论遇到大事小事，都应该以至诚之心，恪守正道，决不可使用阴谋诡计。大多数人在遇到障碍时，都爱用计策解决问题，以为只要用计清除障碍，之后总可以想办法伺机而动。然而，用计谋行事必定会产生后患，招致失败。相反，依正道而行，看似舍近求远，绕了弯路，反而能早日成功。"

西乡严厉地告诫人们不能耍弄阴谋诡计。看了这一则，我不禁回忆起20年前创立第二电电时的往事。

在电电公社垄断电信业时，日本的通信费用与世界各国相比十分昂贵。然而，当时，信息化社会已经到来，日本却可能因为全世界最高的通信费而受到阻碍，这样下去日本国民将无法获得实惠。正在我忧心忡忡之际，政府的政策方针发生了改变，让电电公社改制为民营企业，允许新的企业进入电信市场。

电电公社民营化之后变为NTT，只要有新的竞争者加入，与之展开正当竞争，通信费必定会减低，因此我满心盼望着优秀的公司尽快发起挑战。然而，NTT是从明治开始由政府运营的国有企业，实力非常强大，因此没有一家企业敢出头应战。大家都生怕与NTT正面对抗会带来巨大的风险，于是纷纷驻足不前，不肯主动举手。如果一直没有新企业加入，NTT便会继续垄断市场，通信费也将高居不下。于是在深思熟虑之后，我不顾自己完全是个电信外行，决定成立第二电电。

当时，京瓷已经发展起来，在京都已小有名气，但在全国不过是一家略有实力的中型企业。这样的企业竟然在东京立起战旗，打响全国性战役。人们纷纷嘲笑我不自量力，但我却认为这对社会对世人绝对有必要，于是不顾一切发起挑战。

其实，在发起挑战前的6个月，我每天晚上临睡前都反复自问自答:"你成立第二电电、进军通信业的想法和动机是否至善?其中有无私心?你成立第二电电的目的,真的不是为了自己扬名立万或发大财吗?"

"动机至善,私心了无",我用这一标准反复严厉地自我拷问了6个月。每天晚上,即便喝了酒,即便筋疲力尽,我也反复自问自答。最后,我终于明确了自己的动机:"我做这一切没有半点私心,没有丝毫不纯的动机。我唯一的心愿是在日本迎来信息化时代之际,将通信费彻底降下来。"于是,我这才成立第二电电,发起挑战。

在京瓷举手参与之后,以当时的国铁为主成立的日本电信也举手加入电信行业。国铁中本就有铁道通信机构,在架设东名阪长途通信干线时,只需沿着新干线的侧沟铺设光缆即可,十分简单。还有一家公司也加入市场,这是一家以建设省和道路公团为主成立的集团企业,它也只需在东名阪高速路沿线铺设光缆,就能轻易建起长途通信的基础设施,因而这家公司起名叫作日本高速通信。

反观第二电电,没有任何架设基础设施的条件,仅凭着一片赤诚的纯粹之心便举手应战。当时的报纸杂志纷纷打出"胜负已决"的标题。第二电电无奈之下,决定架构无线网络。当时,我们在大阪、东京之间的一个又一个山峰上架设碟形天线,以无线中转的形式架设起通信干线。在另外两家公司沿着新干线或高速公路轻而易举地铺设光缆时,我们第二电电顶着夏季的蚊虫、冬季的风雪,在山顶上苦战,最后总算搭建好大型碟形天线,架设起了干线网络。

但如今,在所有新成立的电信公司中,只有第二电电生存下来。不仅如此,第二电电还成为销售额超过3.3万亿日元,规模仅次于NTT的日本第二大通信公司KDDI,至今仍然事业兴隆。这正如西乡南洲所说，在做事时，用计策看似能获得一时之便，但从长远看来，绝不会带来好的结果。

当面对极其困难的事业时，那些喜爱用计、精于谋略的企业都会逡巡不定，驻足不前。而将"为社会为世人"这一纯粹动机升华为信念、全心全意、不懈努力的企业终会获得成功。对于那些人才济济的大企业都望而生畏的事业，一无所有的京瓷却心怀信念，毅然出击，不顾旁人"必定失败"的嘲弄目光，势如破竹，一举获得成功。这正是崇高"真理"的体现。

这意味着，在纯粹而高尚的思想之中蕴藏着了不起的威力。20世纪初的英国著名启蒙思想家詹姆斯·艾伦对这种力量做出如下阐述：

"心地纯净之人能若无其事地踏入卑劣者因畏惧失败而不敢踏入的场所，轻而易举地取得胜利。这是由于心地纯洁之人总是能以更坚定的心将自己的能量导向更明确、更强有力的目标的结果。"

活跃于日本 19 世纪的西乡南洲比艾伦先行一步。西乡告诉我们：不可玩弄计策阴谋，依循正道看似绕了远路，但却是成功的捷径。

第二电电即将上市之际，和我一起创业的人们都分到了第二电电的股权，但我这个创业者却没有要第二电电一股。这是因为我的好朋友、已经去世的一位认证会计师对我的忠告："你不是自问'动机至善，私心了无'，才创立这家公司吗？既然如此，你就不应该拿第二电电的股票，哪怕只有一股。"

只是，身为公司的会长，连一股自己公司的股票都没有——世上没有这样的会长，听起来不太合理。所以，公司上市后，我自己掏钱从市场买了一些股票。我深深地感到，正因为有了纯粹的思想作为基础，第二电电才获得了成功。

被认为必定成功的企业却消失了。在这过程中只有第二电电日益兴旺,并在实现进一步发展。其中,"无私"正是促进企业及人才成长的关键因素。

坚定志向　毫不动摇

最后,我想稍微谈一谈"实践"的重要性。

想必大家都听说过一两句西乡南洲的遗训,如果仅仅将这些遗训当作知识来理解,是毫无意义的,"知"与"行"是两码事。了解的知识,如果无法升华为灵魂的呐喊,是绝对发挥不了作用的。

是人就有欲望,但人应该尽量抑制自身欲望,做到公正无私。既然身为领导者,就应该优先为员工着想,不能把自己放在第一位。这就好比母亲,虽然自己还饿着肚子,也要让孩子们先吃饱——这就是"无私精神"。母亲能这么做,是出于对孩子的母爱,是一种天性与本能。但是,一般人必须先不断给自己灌输"无私"的思想,否则,即便知道要无私,一旦到了关键时刻,却极可能做出截然相反的行为。

很多道理我们都知道,都听过,却无法实行。这是因为这些知识没有渗透进我们的灵魂,没有变成使命,烙刻在我们的心田。

西乡南洲的话想必大家也曾经听过,有的人甚至耳熟能详。然而,无论在政界还是商界,能将他的话作为人生指南去执行的人可谓凤毛麟角。尽管先圣贤人留给我们许多宝贵的智慧,但能够将这些智慧当作自己的人生准则,将其融入血肉并付诸实施的人,现在太少了,这是我最担心的。

西乡在《南洲翁遗训》第五则中说道:"几历辛酸志始坚。"也就是说,人必须经历重重考验,尝遍辛酸苦楚,不断克服困难。如果没经过这个历程,那么这个人的哲学思想以及志向绝不可能坚定而不可动摇。

过着平凡庸碌的日子，把先人的教诲只当作知识记忆。如果这样，哲学思想和志向就无丝毫用武之地。只有历经辛酸痛苦，哲学思想、志向才能成为武器，在实践中发挥作用。

西乡南洲本身曾被流放至奄美大岛和冲永良部岛，一生尝遍了辛酸苦楚。他曾与月照和尚约定在鹿儿岛锦江湾跳海自杀，却只有他被救了起来。好朋友死去，自己却苟且偷生，这对身为武士的西乡而言，可谓不堪忍受的耻辱。可西乡却忍受了这种耻辱。

释迦牟尼佛祖曾用"忍辱"一词开示世人，"受到难以忍受的侮辱，也要忍耐"。通过用心修炼"忍辱"，人就能达到开悟的境界。西乡南洲一生尝遍辛酸苦楚，其维新之志方变得坚定而不可动摇。

我们今天再也无法像西乡那样吃苦，但可以将从他那学到的知识、思想深深地烙在心底。我们可以反复告诉自己的灵魂"我要选择这种活法"，将自己的思想渗透到灵魂当中。正因为在当今物质丰富的年代，我们很难再经历辛酸痛苦，所以更有必要反复将这种思想渗入灵魂，使自己变得志向坚定，不可动摇。

西乡南洲的思想造就了今天的京瓷和我个人，对此我有深刻的体会。同时我强烈地感到，他的思想跨越国界，正是以企业为首的各种集团领导者应掌握的要诀，也就是说，它是"领导者应有姿态"的极致体现。

我们很难做到西乡南洲的程度，尽管做不到，但仍然要以他为榜样，日日精进，提高心性。只要不懈努力，就必然会给我们带来美好的人生。

只要诸位经营者致力于提高心性，就必定能带领企业走向发展，实现员工物质与精神两方面的幸福。

人生可贵，只有一回。使自己的一生过得美好、精彩，是我们活在世上的义务。同时，身为经营者还有一个义务，那就是发展事业，实现员工物质与精神两方面的幸福。

希望诸位珍惜唯一的人生，活得充实美好，收获丰硕的果实，同时也祝愿诸位成就了不起的企业。

要 点

身居领导之位就是在行天地之道，不能夹杂一丝一毫爱己的私心杂念。

○

组织的领导者为组织赋予意识，也就是为组织注入生命时，这时组织才开始像生命体一般活动。

○

即便牺牲自己，也要把全副精力放在公司上，这是领导者的义务。

○

一旦领导者开始站在个人立场上思考问题,组织就开始崩溃。如果做不到时刻为组织着想,做不到不畏自我牺牲,那么这样的人就不能成为领导者。

○

在企业中有许多与你同甘共苦、共同创业,至今依然追随左右的老臣子,要珍惜他们。他们是在公司又破又小时加入的,所以没有什么学问,能力也与当时的弱小的公司相匹配。但这些人从公司规模尚小时开始默默工作了二三十年,勤勤恳恳、任劳任怨、坚持不懈,因此人格有了长足的成长,务必珍惜他们。

○

长期的辛勤努力能使一个平凡的人变得不凡。原本无丝毫才华可言的人通过30年如一日的专注工作,就会变为卓尔不凡的人才。那些闻名遐迩的名人高手都是这样的人。

○

毕业于一流大学的精英未必能成大事,只有长期坚持努力、不断沉淀,人才能取得长足的成长。因此,必须重视那些与自己同甘苦共患难的人,他们奠定了企业的基础。如果轻视基础,就无法成就了不起的企业。

○

一旦企业稍有发展,许多经营者立刻变得眼高于顶,把所有成就归功于己,变得骄傲自大,结果很快就陷入没落。越成功,越有成就,越应"要谦虚,不要骄傲",这一点非常关键。

○

如果一个经营者认为,"凭着我的努力打拼与才华，公司才得以发展，才能上市。一切都归功于我的才干。所以，理所当然，我应该享有所成果"，那么公司很快就会败落。

○

企业经营者也好、政治家也好、官员也好，越是位高权重，就越应该勇于率先垂范，自我牺牲。如果不具备奋不顾身、不怕吃亏的勇气，就不能身居高位。不，应该说没有资格居于高位。身居高位的人必须勇于自我牺牲，否则就会给下面的人带来不幸。

○

"不惜生命、不图名誉，不贪图官位金钱的人最难对付"——这正是拯救当今混乱社会的领导者的终极理想姿态。

○

如今这个时代，要求领导者拥有优秀的品格、崇高的人性，即不惜舍身忘我也要为社会为世人尽力的崇高品格。

○

做事的时候，使用计策谋略，可以得到暂时的安顺。但长远来看，必定会带来不好的结果。

○

"知"与"行"根本是两码事。"知"就是获得知识，但如果知识不能升华为灵魂的呐喊，就无丝毫用武之地。

○

是人就有欲望，但人应该尽可能抑制自身欲望，做到公正无私。身为领导者，首先应该为员工着想，而不是把自己放在第一位。这就好比母亲，即便自己饿着肚子，也要先让孩子们先吃饱。这就是"无私精神"。

○

平时庸庸碌碌,只将前人的教诲当作道理、知识来了解,那么这些哲学、思想、志向就没有丝毫用武之地。只有经历艰辛苦楚,这些哲学思想和志向才能成为武器,在实践中发挥作用。

○

在如今这个物质丰富的年代,人们很难再有艰辛苦楚的经历。正因为如此,才更有必要反复磨砺自己的灵魂,坚定意志,使其变得不可动摇。

○

身为经营者,就有义务发展事业,实现员工物质与精神两方面的幸福。

我们应该追求的商人道

第 11 届盛和塾全国大会第一天演讲
——2003 年 8 月 22 日

  在十一届盛和塾全国大会（即现在的"世界大会"）上，稻盛以"我们应该追求的商人道"为题，揭示了身为经营者追求利润必须依循正道。

社会充斥着对企业经营者的偏见

这么多经营者在盛和塾第十一届全国大会齐聚一堂,我深深感到自己的责任之重。因此,我的讲话必须对诸位的经营有所助益——为此,我搜肠刮肚,百般思考。

今天,我想讲一讲"我们应该追求的商人道"这个话题。现在大概已经不再流行讲"商人道",但我认为,这对我们思考自己应该做怎样的企业人很有意义,所以想给大家讲一讲这个话题。

商人或者说企业经营者,一般给人怎样的印象呢?同时,诸位经营者又是如何理解"经营者"这一含义呢?我想沿着这些话题稍做探讨。

27岁时,我在别人的帮助下创立了京瓷,开始走上经营者的道路。从那时起我就感觉到,当人们(尤其是知识分子或文化人)看到从商之人,即企业经营者时,目光中似乎总带着一丝戒备与怀疑。一般人提及商人时,虽说不至于表现出蔑视,但也带着一丝不屑的态度。这绝不是我有被害妄想症,诸位大概也有过类似的体会。

近年来,日本出台了许多放缓经营限制的举动,这是因为过去对企业经营的限制过多,这也不许做,那也不许做。为此,前些日子政府还提出要在全国各地成立结构改革特区,在特区内放宽限制。这就意味着虽然在全日本放宽限制或许还成问题,但在特定区域中已经开始出现放宽限制的迹象。

然而,建立特区,在这种特区内不可以用股份公司的形式来经营学校、医院。我想,这证明了一般人,不仅是所谓的知识分子、文化人,还包括政府官员,都认为所谓股份公司的目的就是追求利润,因此不适于经营教育或医疗等社会公共事业。这种对企业不成文的认识,将会为企业加入本次改革特区改革带来障碍。

今天在场的 1400 百名经营者或许并没有卑微的感受，但想必也不认为企业经营者是受到社会高度评价及尊敬的职业，更不会认为自己拥有多高的社会地位。

我从 27 岁创业开始就一直苦苦思索个中原因，并为此而苦恼。特别是京都是一个文化素养很高的城市，与我交往的不是京都大学为首的各名牌大学教授，就是宗教家和学者，他们无一不是高文化、高水平、高素养的优秀知识分子。每当他们以"那些企业老板……"的口吻谈及企业经营者及企业时，我总能感到其中带着若有若无、居高临下的不屑感。

正当对此百思不得其解时，我看到了江户时代京都一个叫石田梅岩的人关于商人道的阐述。了解他的观点后，我多少得到了救赎。

我们应该追求的商人道

石田梅岩在京都町开办了一间私塾,向商人的孩子们传授商人道,即从商之道。在他的话语中有这么一句:"真正的买卖,要人我两立。"换言之,石田梅岩告诉商人:"真正的从商之道是让交易双方都感到满意,即对方得利,自己也得利,这才是真正的生意。做生意决不能只顾自己得利。"

石田梅岩还曾经说过:"商人之取卖货之利,与士之食禄相同。"这句话使我得到了救赎。在与现在差不多的社会环境中,石田梅岩表示:"卖货取利乃商人之道。其利同于与为臣者侍佐君主之俸禄,乃正当报酬。"

在江户时代,商人仍然被视作利欲熏心、见利忘义之辈而遭到侮辱与蔑视,证据就是存在于封建社会的"士农工商"阶级制度。最尊贵的是武士,其次是农民,再次之是工匠,即从事手工业制造的人们,商人的地位最低贱。这种"尊士抑商",将商人视为身份最低贱者的阶级制度，贯穿了整个江户300多年的历史。因此，至今人们谈起商人，还常常有意无意地带着一种轻蔑的态度："因为是生意人嘛……""老板的目的就是逐利……"，这使我们经营者至今仍能若有若无地感到自身社会地位的低下。

因此，"不让股份公司去做培养青少年的学校教育事业，以及需要仁心仁术的医院事业"，这类偏见，对围绕结构改革特区展开的讨论也产生了巨大的影响。

为什么经营者会给世人带来这种印象呢？

这皆源于资本主义社会中企业的定位。按照资本主义社会的价值观，企业归股东所有，企业经营的目的就是股东价值最大化。

大部分在场的经营者都是从父亲或祖父手中继承企业。刚从学校毕业时，大家或许并不打算继承家业，但不久因为父亲病逝，家中后继无人，才出于无奈当上社长。一个普通的工薪族如果不具备优秀的能力，是不可能被选为社长的。但由于家庭背景，大家不管有没有能力，只因为是"老板的儿子"就当上了社长。像这样通过继承家业当上社长的人大概自己都感到心虚："只有我有这种特权，似乎不太合理吧。"

但一旦当上企业领导者，就必须拼命努力，赚取利润。我常常对大家说："如果经常利润达不到10%，就谈不上经营。"因此，为了让利润达到这个水平，大家必然拼命催促员工"加油干"。但员工赚取的利润，100%进了经营者的口袋。在没有公开上市的家族企业，企业赚取的利润100%归股东所有，也就是说，员工的劳动是在为经营者一个家族增加财富。因此，社会上才会出现"资本家通过剥削劳动者增加自身的财富"的观点，而这又成为近代资本主义社会中劳资纠纷的原因。

正因为商人给人以"逐利"和"不公"的印象，才会被人们认为"企业老板的目的就是为了追逐利润"。可经营者本人并不觉得做错了什么，于是心中觉得十分憋屈。这就是社会现实。

经营是一种"利他行为"

京瓷公司刚刚成立，我和七个伙伴一起开始从事企业经营时，京瓷是"让稻盛和夫技术问世的舞台"。在以前的公司里，我身为一个打工的技术人员，虽然努力工作，却不得不看课长、技术部长和其他上级的脸色，没办法自由自在地让自己的技术发扬光大。同时，我个人的技术、研发的产品没有得到公正的评价，功劳也被上司据为己有。"但现在不同了！京瓷成立了，稻盛和夫的技术终于可以毫无顾虑、自由自在地问世了。"当时我这么想。

但这种技术人员的浪漫理想只持续了三年。公司成立第二年，新招聘的高中应届生在工作一年后向我提出提高待遇的要求，导致京瓷"让稻盛和夫技术问世"这一定位轰然崩塌，京瓷的目的变为"追求全体员工物质与精神两方面的幸福"。随后，又加上"为社会做贡献"，把"追求全体员工物质与精神两方面幸福的同时，为人类、社会的发展做贡献"作为京瓷的经营理念。

我一直向大家强调："企业应该树立具有大义名分的目的和意义。"同时，"即便是中小企业，经营者也必须是拥有大义名分的、行为高尚的人"。我常常向大家解释：

企业即使只雇用了五人、十人，也守护着包括其家属在内的许多人的生活。在现今这个社会，日子越来越不好过，经营者自己生存尚成问题，却要奋力经营，养活员工，这本身就是一种高尚的"利他行为"。

中小微企业或许往往为人们所轻视，但它们却是社会塔基的一部分，而诸位经营者都是致力于"帮助他人"这一高尚行为的人。

许多经营者听了我的这番话，纷纷表示："过去我为自己只是一名渺小的中小企业经营者而感到自卑，如今听了您的话，才知道原来自己所做的事如此高尚。"

一般人都以为经营者为了增加自身财富，以微薄的报酬驱使奴役员工，但这并不是事实。经营者不是盘剥员工让自己发财，而是率先垂范，不辞辛苦，挥洒汗水，全力经营，以守护员工及其家属。正如我刚才强调的，诸位经营者日日所从事的，正是"帮助他人"这一高尚的利他行为。

也就是说，今天，我在这里对大家所谈及的经营者定义，与资本主义社会中普遍认定的截然相反。因此，许多塾生对我说："过去我曾感到自卑，但现在充满了勇气,原来父亲和祖父也一直在做好事。"听到许多人这么说,我心里也感到非常高兴。

正如前面所说,商人、经营者普遍给人以"压榨员工血汗,使身为股东的自己及家人变得富裕"的印象。但作为一个企业,京瓷的目的正像前面所说的一样,并不是让包括经营者一家在内的股东利益最大化,而是追求企业中全体员工物质与精神两方面的幸福。

现在,京瓷已发展为销售额超过万亿日元的企业,并在纽约证券交易所上市,成为国际化企业。然而,京瓷的经营理念中,却没有一个"股东价值优先"的字眼。

相对而言,京瓷并不太关注股东价值。有的塾生在上市之前的理念是重视员工、合作伙伴和顾客,上市后才在其中加入"股东"。在京瓷上市后,虽然我也开始关注股东,但我认为,只要企业不断发展壮大，变得越来越优秀，股票价格自然会水涨船高。而要想企业变得更好，就必须让企业的员工幸福，充满干劲和活力，勤奋工作，否则企业不可能有长足的发展。

因此，企业主只顾自己谋取利益，压榨员工，让他们在恶劣的环境中工作，这绝对不是经营。反之，让员工欢喜，促使他们用心工作，这才是真正的经营。这种观点与以往资本主义社会的主流思想大不相同。

挥之不去的"以不合理的高价谋取暴利"

此外，还有另外一个原因，导致经营者为人所轻贱。

那就是人们对生意人普遍有一种"以不当手段高价卖货、谋取暴利"的印象。资本主义社会最初兴起的就是商业资本。在江户时代这一工业尚未发达的时期，商业资本已开始勃兴。打个比方，一个地区稻米歉收，但另一个地区却获得了丰收。商人将稻米从丰收的地区运到歉收地区，加上利润出售，这便是商业的起端。

于是，商人利用顾客的弱点，囤积居奇，以高价出售大米，捞取不正当的高额利润。自古以来，人们把这种精明狡诈、乘人之危、只顾自己发财的商人称为"奸商"。

但如今在诸位的中坚企业、中小企业中，以不合理的高价销售产品、谋取暴利的企业几乎已经不存在。京瓷也不可能这么做。这是因为，伴随着资本主义社会的发展，竞争激化，产品或服务一旦价格过高就根本无人问津。如今，由于激烈的竞争，企业已经进入了"价格必须合理化，否则就无法生存"的时代。

当然,企业有时也可能暂时以高价销售货物。例如,在石油危机时,由于坊间谣传将出现物资短缺,于是有人乘机囤积厕纸等生活用品。当时,一些违背商人之道的人的确有囤积居奇、抬高价格销售产品的不正当行为。

企业只有在这种趁火打劫、囤积居奇以谋取暴利及垄断市场而具有定价权的情况下,才能操纵价格,谋取不合理的高额利润。换言之,在当今这个时代,除了那些背离商人之道、乘人之危的小人,以及在行业中垄断的企业,根本不可能以高价销售产品。更不要说中小企业,即便有"抬高价格,谋取不正当利润"的想法,事实上也做不到。

另一个让人联想起"不当利润"的,就是"以次充好"的行径。例如,前些日子,报纸上报道了某厂商篡改产品保质期的消息。同时,有的企业在合格产品中混入次品卖给顾客,认为"反正一般顾客分辨不出"。更极端的例子是制造或销售冒牌产品,这在日本虽然比较少见,但如今此类鱼目混珠、以次充好的例子并不鲜见。

不单产品,服务方面也有类似的现象。例如,建筑行业中时常出现偷工减料的现象,本应花时间精工细作、用心作业,却偷工减料,以不正当的手段谋取利润。

上面是一些我想到的事例,不过现实中的大多数经营者都没有如此不择手段,而是采用正当的商业手段,尤其是盛和塾的塾生们,平时一直在学习如何正确经营,更不会做出类似的行为。

贯彻"商也乃仁"

自从京瓷成立起,我就总结了"京瓷哲学"这一企业哲学,并以此为基础从事经营,把京瓷哲学作为一切经营活动的准则。那么，京瓷哲学是什么呢？

一言以概之，京瓷哲学就是"以正确的方法贯彻正确的为人之道"。我一直向京瓷的员工强调，不能做有违正确的为人之道的事，这就是京瓷的经营哲学。

我也一直告诉大家："不能做有亏于人、有违商道的事。要遵循'提高心性，拓展经营'这一理念，磨炼心性，贯彻正确的为人之道。"

这么一来，企业经营便会成为雇用员工、为员工带来幸福的利他行为，只要按照这种方法走正确的为人之道，我们就无须有半点愧疚。我们企业人所走的，正是堂堂正正、精彩纷呈的人生之路。

当我们在社会上被讽刺"企业老板为了逐利，不惜使奸耍滑，玩弄卑鄙手段"时，既不应委曲求全，也不能置若罔闻，而应当大声反驳。然而事实上，许多大企业不但没有竖起旗帜反对这一风潮，相反，还做出了不少令人不齿的行为，使人们更加肯定这一想法。

但至少盛和塾里的经营者决不能有类似的行为。所以，我们才强调"必须堂堂正正地工作"。

只要我们平时坚持"正直经营"，那么就能够经营学校、医院等公共机构。

经营医院需要一个条件，那就是"没有医生执照的人不允许经营医院"，这常常成为企业经营医院不得不面临的问题。

然而，即便是执牌医生经营的医院，也有可能给患者开出许多不需要的高价药品，从中谋取暴利，或利用过度治疗从保险中获利。类似的事我们在现实中时有耳闻，这些行为原本是绝不被允许的。

用最低程度的治疗和药物拯救病人，这是医院经营应有的理念。医生也好，护士也好，应当恪守救死扶伤的精神，为此粉身碎骨在所不惜。医院应该重视节约，不论是一瓶消毒液还是一个胶囊，只要没有必要，就不能浪费。医院哪怕只给病人提供足以治疗疾病的必要治疗，只要彻底削减经费，就能产生足够的利润，做好经营。

经营医院的医生、后勤人员、护士，都应凭以不遗余力的努力来获取利润。在医院经营当中，只要不追求不正当利润，而是严于律己，贯彻正确的为人之道，就极有可能产生利润。

有的医生嘴上说着"医者仁心"之类的漂亮话，实际上却在经营中从事令人不齿的勾当。与其让那些人经营，还不如把医院交给我们这些追求真正商人之道的盛和塾的塾生，想必更能经营得有声有色，学校也是如此。我想，我们必须满怀自信地宣扬这种观点。

在21世纪,为了提高经营者或企业的地位,我们必须扭转社会的所谓"常识"。正因为那些大企业爆出丑闻,我们企业人总是遭人蔑视,地位低下。今后,我会持续向企业经营者敲起警钟,继续大声疾呼"企业经营应当基于优秀高尚的伦理观与道德观"。

正因为有这种想法,所以我衷心希望盛和塾的塾生不断成长为出色的企业家。为了使这个社会更光明、更美好,需要涌现出更多的优秀企业家,这至关重要。

如今,不仅是学校和医院,人们甚至对企业涉足农业也持异议。但是,日本的农业如果按照现在零散的农家作坊的模式继续走下去,必将无法在未来的全球化竞争中生存。未来,社会必定要求农业实现规模化经营,到那时就应当将农业交给具备高尚伦理观基础的、坚持走人间正道并能掌握经营方向的经营者或企业，以便全面开展大型作业。

我想，在一切领域，这个社会对我们经营者的认识必将扭转，经营者也将日益赢得人们的尊敬和信任。同时，为了改变社会，今后我们必须反复钻研，为社会做好启蒙。

只要追求"义"，"利"便自然滚滚而来

正当我萌生前面所说的想法时，恰好读到《论语》中的一句话："放于利而行，多怨。"意思是，如果一味追逐利润，必定会招致怨恨。安冈正笃先生也说过："基于义之利方为真利。"如果要问"何为义"，正如孟子所说的，"义，人之正路也"，"义"是做人最关键的道理。

我也一直认为追求利润必须基于"义"，换言之，逐利不可偏离人间正道，原来2500年前，中国古代

的圣贤就已经阐述了这个道理。

大概从那时起,商人之道就已经成为一个问题。如今日本发生的各种丑闻,其根本原因都是经营者疏于自律,其身不正。我们一定要坚持贯彻正确的为人之道。

同时,《论语》有云:"君子喻于义,小人喻于利。"意思是,君子的一切行为都发乎于"义",小人看重的则是"利"。换句话说就是,"君子看似在追求'利',实际上是在追求'义'。只要坚持走人间正道,利益自然随之而来"。

我一直对大家强调,"经营十二条"的第一条就是,在企业经营中,首先必须"明确事业的目的和意义",即应该树立具有"大义名分"的理念和目的。我一直告诉大家,必须在经营中树立对任何人都能不耻明言的"大义名分"。请诸位务必领会个中深意,并将其在今后的经营中发扬光大。

"自利利他"的经营判断将带领企业走向成功

我们经营者对企业经营负有重大责任。我们所有的判断、决策都左右着企业的命运。因此,在决策时我们不得不谨慎行事。

在进行重大经营决策时,最初的步骤是分析现状,弄清楚自己现在所处的状况,理性分析事实,搞清楚自己与周围千丝万缕的关系;紧接着,一般经营者往往基于自身荣誉、名誉或尊严进行判断;最后,再基于公司的利害得失得出结论。这是一般经营者所用的决策方法。

但我判断事物的方法却有所不同。在思考决策时,我不仅考虑荣誉、尊严和名誉,还会再加上一条原则,那就是"不能卑怯"。同时,一般企业会基于自身的利害得失做出最终判断,而我的观点却与此截然相反。也就是说,我不会基于一己得失得出结论,相反先考虑对方利益,以此为判断基准进行决策。

或许有人认为"这么做岂不是太傻",但正如刚才《论语》所说的"放于利而行,多怨"一样,如果事事以自己是否得利为标准思考问题,必将惹来众多怨恨。事实上,我想给大家讲一讲我在经营的紧要关头,没有从自身利益出发,而是为对方利益着想做出决策,结果大获成功的事例。

在第二电电(DDI)开始从事拓展手机业务的时候,IDO和我们DDI在销售地区上始终无法达成共识。这时,我抛开DDI的利益,为对方的利益着想。

而且,当DDI、KDD和IDO三家公司为了组建KDDI进行合并谈判时,我也没有优先考虑DDI的利益,而是以对方的利益为先,结果成功完成了这场看似困难的合并。在其他为数众多的重大经营决策当中,我的思维方式与一般常识截然相反,在判断中优先考虑对方的利益,结果往往大获成功。

这正是我常在盛和塾讲述的"自利利他"。要想自己获利,首先必须先"利他"。换言之,只有优先实现别人的利益,自己的利益才能被实现。

这就要求从事判断的人心底拥有"关爱之心""慈悲之心"。正因为以佛教中所说的"慈悲心""爱心"等关爱之心做出最终判断,才会带来好的结果。

与顾客谈判,或者说服员工,关键在于诚实、谦虚和坦诚,同时也不可缺少"关爱体贴之心""慈悲之心"。在从事重大经营决策时,也需要这种关爱体贴之心,这一点至关重要。

关爱体贴之心给经营者带来强大的力量

然而,有人认为,"如果对方是个坏人,那该怎么办呢"。也有人表示质疑:"自己表示出坦诚、关爱的态度,反而会让对方有机可乘,被对方钻空子、做坏事"。刚才,我们说做事应当先"利他",但如果对方是陷害人的坏人,或许这个理念就不太适用了。

但世间并不是只有坏人。事实上,面对大多数善良的人,我都以"利他之心"优先为对方的利益着想,结果获得了成功。可以说,在至今为止的事业发展过程中,我为对方着想而得出的结论都获得了成功。

那么,如果对方真是坏人,又该怎么办呢?这个问题我也还没有得出答案。不过,从刚开始交往的瞬间,"啊!来者不善",我马上就能看出来。所以,无论对方抛出利润多么诱人的项目,我也不会与之交往。

与恶人交往,为了不被陷害,自己也不得不开始玩弄计谋策略,最终自己的心灵也将遭到污染。因此,如果不希望落入这样的田地,就不应该与对方有任何来往。

这种关爱体贴之心,是经营者最重要的品质。它看似柔弱,事实并非如此。关爱、体谅之心就如母爱一般,具有强大的力量,胜过强悍粗野之辈。我坚信这一点,一路走到今天。

对我们这些经营者而言,最重要的工作就是对事物做出判断、决策。在判断之际,小人以自己是否得利为判断基准,但君子般的优秀经营者则是基于为对方着想而得出结论。这样的思想将给我们带来正确的经营决策,希望诸位今后务必以这种思维方式从事经营。

为了提高经营者的社会地位,我们必须成为受人尊敬和信赖的经营者。为此,我们必须率先垂范、谨言慎行,不断提高心性。各位都是在日本各地区努力经营的实干家,请大家务必挺起胸膛,堂堂正正行事,成为人人称道和尊敬的企业家。

要　点

企业雇用员工意味着在守护包括员工家属在内的许多人的生活。在现今这个日子越来越不好过的社会，尽管自己生存都成问题，但经营者还是雇用众多员工，拼命努力经营，这正是高尚的"利他行为"。经营者在社会的塔基，从事着"助人"这一高尚的行为。

○

公司发展壮大，股票价值自然随之升高。为了使公司不断发展，就必须让企业的员工幸福、充满干劲和活力，勤奋工作。

○

什么是京瓷哲学？用一句话表示就是，"以正确的方法贯彻正确的为人之道"。做事不偏离为人之道，这就是京瓷的经营哲学。

○

企业经营是雇用员工，使员工幸福的利他行为。

○

追求利润，需以"义"为基础。换言之，不能偏离人间正道。今天日本社会发生的种种企业丑闻，其根本原因都是经营者疏于自律、其身不正。我们必须以正确的方式贯彻正确的为人之道。

○

从事企业经营，首先应当明确"事业的目的和意义"，也就是树立具备"大义名分"的理念和目的。在经营中，必须树立不愧对任何人明言的"大义名分"。

○

经营者对经营负有重大责任。我们所有的判断、决策都左右着企业的命运。因此，在判断时，我们必须格外谨慎。

○

基于自身利益考虑事物，容易招致许多怨恨。事实上，每当经营的紧要关头，我总是不计较自身利益，为对方着想，结果获得了成功。

○

与顾客交涉、说服员工时最关键的是诚实、谦虚和坦诚，同时，也不可缺少"关爱体贴之心""慈悲之心"。经营者在做出重大经营决策时，必须怀有关爱体贴之心，这一点十分重要。

○

拥有关爱体贴之心对经营者而言最为重要。这种品质看似柔弱，却如母爱一般，即便面对粗暴强横，也拥有温柔、强大的力量。

○

经营者最重要的工作就是做出判断。在判断时，小人的判断基准是自己是否得利，但君子般的高尚经营者则是基于为对方着想而得出结论，这将为企业带来正确的经营决策。

塑造人生的"命运"与"因果报应法则"

第九届盛和塾大会第一天演讲
——2001年9月4日

　　本演讲来自2001年9月4、5日举办的、为时两天的第九届盛和塾全国大会。

　　在两天的大会期间，稻盛登上讲台，第一天发表了本演讲"塑造人生的'命运'与'因果报应法则'"。第二天则就IT泡沫破灭引发的、持续低迷的经济环境，以"如何跨越萧条"为题做了讲话。

塑造人生的"命运"与"因果报应法则"

今天我想谈一谈"人生"这个话题。

我自己也有非常丰富的人生经历。我觉得,人有必要从根本上思考"我为什么要走这条人生道路"这一问题。如果不明白人生是以什么方式构成的,对这一问题的本质一无所知,那么就极有可能被眼前的现象迷惑,对整个人生的大方向判断错误。因此,我们有必要掌握"人生是什么"。

我认为每个人一生下来就有其"命运"。命运这种东西,分为个人,个人所属的家族,其所在的地区、国家乃至地球等不同的命运。换言之,从个人到整体,都有其"命运"。个人的命运维系于地球、国家、地区和家族命运之上,这就是我们的命运。

在一切讲究科学的现代社会,人们常常否定命运的存在。承认有命运或相信有命运被认为不符合科学，我们不愿从正面肯定命运的存在。但是，另一方面，命运这个东西虽然无法证明，但地球上自从人类诞生以来，一直到近代，人们却一直相信命运是有的。

由于对未知的人生感到非常不安，希望了解自己的命运，人们发明了预测未来的技术。例如，中国古代周易学说十分发达，而在欧洲占星术则十分兴盛。印度从几千年前开始，也有类似占星术的占卜手段。

既然有命运存在，那么自己的人生将会变得怎样？对这一答案孜孜不倦地追求，促使易学及占星术等占卜方法在人类数千年漫长的历史中大行其道。

现代教育将我们人生中遭遇的种种都归结为偶然，并用概率的观点加以解释——人生是由一个个偶然形成的。换言之，在我们的脑中一直认为，人生中决不存在什么命运，一切都由偶然堆砌而成，比如偶然遭遇交通事故，偶然感染细菌得病等。

然而，回顾过往人生，我深深地感到，我们应该领会人生中命运这一严肃的存在，方能依循正道走过人生。人天生有属于自己的命运——这么想更有利于我们在人生中走正确的道路。

既然命运俨然存在，那么我的命运又会如何？没有一个人不想知道这个问题的答案，但我不同，我不想知道自己的命运。小时候我曾在神社抽签问卦，但从那之后，新年正月也好，其他时节也好，我都没有再做过类似的事。这是因为我很害怕知道自己的命运，总觉得还是不要知道的好。虽然不知道自己的命运，但只要认真生活、拼命努力，剩下的就是泰然地接受命运的安排——不管它是怎样的命运，我就是抱着这种想法一直走到今天的。

反正人生就是由命运——大至人类、国家、地区和家庭的命运，小至维系在这些大命运之上的个人命运构成的，这些命运成为塑造人生的"经线"。

纬线则是"因果报应法则"这一自然法则。种善因，得善果；种恶因，得恶果。思善行善得善果，念恶作恶遭恶报——这一简单明了的因果法则构成了人生的"纬线"。

我们在人生中的每分每秒都在思考与行动。每一刹那，人是在思善行善，还是在念恶作恶，其结果将成为织就人生的纬线。

人生就是由"命运"与"因果报应法则"交织而成，但我觉得，事实上因果法则对人生发挥的作用比命运更强。这就意味着，因果报应法则能够改变人的命运。

"因果报应法则"甚至能改变命运

在盛和塾中，我曾多次提到安冈正笃先生讲解的《了凡四训》。《了凡四训》是距今400年的中国古典著作，作者是袁了凡。

袁了凡自幼丧父，与母亲相依为命。一天傍晚，年少的袁了凡遇到一个旅行的老者，他说："我来自南国，受天命所托，欲将易学精要传授于你。"小了凡将老者带回家中。当晚，老人当着小了凡的面，对他母亲说："虽然你希望这个孩子将来当医生，却不能如愿。他长大后将会参加科举考试，走上为官之道。"

科举就是中国古代选拔官员的考试，老人甚至预测了小了凡未来的一生："几岁参加考试，在多少人中得第几名，年纪轻轻就担任地方长官、仕途通畅，虽成婚，但一生无子，53岁离世……"

之后老人的话果然一一应验，了凡果然在他预言的岁数参加了考试，在多少考生中得了第几名。

不久，了凡去了南京国立大学游学，听闻一家著名禅寺中有一位得道的禅师,于是前去寻访。在那位禅师的邀请下,了凡与他一起坐禅。坐禅期间,了凡心中无念无想,表现得十分优秀。

"您坐禅的功底十分深厚,没有一丝一毫的杂念、妄想,请问曾经在何处修行过吗?像您这样心境澄净之人可谓世间少有。"禅师大感佩服,向了凡问道。

"不,我从没有在任何地方修行过。我在儿时曾遇到过一位旅行的老者,他对我的一生早有断言。今日看来,其所言非虚,是以如今更无一丝一毫的念想。我虽成婚,命中无子,享寿五十三。我一生既已注定,再无必要生出其他想法。"

禅师听了了凡的话,勃然大怒。

"我还以为你年纪轻轻就毫无杂念,心境达至纯净美好的境界,是个了不起的人,原来你是个大笨蛋。人的确有命运,却绝非不可改变之物。命运不是宿命，是可改变的。"

于是，禅师向袁了凡解释了可以改变命运的"因果法则"。

"现在还不算晚，你只要为他人、为社会思善行善，人生必然发生改变，未必尽如老人所言，现在开始行善尚为时不晚。"

袁了凡诚恳地接纳了禅师的建议，回去把禅师的话告诉了妻子："今日我在寺里被禅师训斥。他说我虽命中注定无子，但却非不可更改。我打算从今日起，为他人、为社会、为世间多行善事。"

妻子表示赞同："独你一人行善恐怕不够，须你我夫妻二人共同行善。每天我们将所行善事记录下来如何？"他们以此互相比较、鼓励。

结果，袁了凡有了孩子，寿命也超过了70岁。于是他写下《了凡四训》一书。在孩子遇挫折而沮丧时，了凡对孩子这样写道："儿啊，在遇到那位禅师之前，我的人生注定没有你，寿命也只有53岁。但通过遵照禅师的教导，我思善行善，结果生下了你，寿命也超过70岁，至今依然康健。命运并非宿命，乃可变之物，此谓'立命'。"

虽然人生是由"命运"这一经线与"因果报应法则"这一纬线交织而成，但《了凡四训》的故事告诉我们，思善行善得善果，念恶作恶遭恶报，这就意味着因果报应法则的力量比命运更强大。

即使结果没有很快出现，也要相信"因果报应法则"的正确

刚才说过，我害怕知道自己的命运，所以从不占卜、打听；相反，我竭尽全力、严肃认真、全心全意地度过人生。这也是因为我相信因果报应法则的

力量。

我的人生可以总结为"日日提高理念"。正如这句话所表达的一样,我们必须通过从事事业来提高理念和心性,砥砺心灵。人心不善,就无法思善行善,因此我们在人生中需相信因果报应法则,提高心性。然而,即便做了善事,往往也不一定有好的结果。放眼社会,那些善良的大叔大婶并不见得过得幸福;相反,一些恶人却往往有钱有名气,过得十分幸福。正因为如此,人们才怀疑因果报应法则的正确,我在年轻时,也常有类似的想法。

虽然,人们隐约感觉有因果报应法则的存在,但由于它并非像"1+1=2"那样严丝合缝地对应,于是没有人相信这样的法则俨然存在。假如只要行善马上就有善果,作恶即刻遭恶报的话,那么大家就不会争论这一法则的有无,都会去做善事好事。但正因为并非如此,所以谁都不肯相信因果报应法则的存在。

塑造人生的"命运"与"因果报应法则"

为什么结果不会立马呈现呢?这是由于命运的影响。如果一个人正值命运乖蹇之际,即便思善行善,也不会呈现善果。换言之,在有的情况下,命中注定的"恶"与因果报应法则产生的"善"相互抵消,因此人生没有发生什么改变。相反,在运势大好的时期,即使稍有恶念恶行,也会在命运的影响下呈现出一派繁荣景象。因此,有的人明明做了不少恶事,其人生却看似一帆风顺。

我从不占卦问卜,但我的朋友当中有人常常请相熟的"灵能者"占卜自己的人生及未来。有一次,这个朋友打电话给我,告诉我他"请了相熟的灵能者占卜了稻盛先生的未来",并对我说了下面这番话:

"灵能者说:'这个人今年命运十分糟糕,会得大病,倒大霉,但你却说他还好好地活蹦乱跳,事业也发展得十分顺利,没有这个道理。他的命运理应进入了十分糟糕的时期。'接着灵能者又说：'大概这个人在去年或前年做了什么大好事，否则命运肯定要陷入低谷，身体和事业也都不可能不出现问题'。"

那位灵能者不仅具备看清命运的能力，还懂得因果报应法则。"你明明命运已经陷入最糟糕的低谷，却没有受到不良影响，这是因为去年或前年你做了什么了不起的好事，因此才得以脱难。"灵能者所说的话正体现了因果报应法则的正确。

尽管在命运和因果报应法则之间，因果报应法则的力量要占上风，但这并不代表思善行善就必定能够立竿见影地看见好的结果。为此，我们不太相信因果报应法则，也从不认真思考这个问题。但是，有的人因为在人生中不断思善行善，结果摆脱了命运危机，事业蒸蒸日上，这也是不争的事实。因此，因果报应法则极为重要。

同时，思善行善得善果，念恶作恶遭恶报——为了说明因果报应法则存在这一不容怀疑的事实，我还给大家讲过《西帕奇灵训》这本书。在英国一位记者参与的降灵会上，一位名叫西帕奇的印第安灵魂每次都会出现，并讲述一些人生的道理。其中，他对因果报应法则如此讲道：

"你们大概不相信因果报应法则的存在。换言之，你们并不相信人思善行善就会得善果，念恶作恶就会遭恶报。但是，从我所在的世界来看，这个法则分毫不差，作恶之人必遭恶报，行善之人必得善果。如果把现世和彼世加起来一起算的话，因果报应丝毫不差。"

当读到这一部分，长久以来困扰着我的疑问豁然而解。原来从那个世界看来，因果法则毫无冲突，严丝合缝。人生本由命运与因果报应法则交叠而成，结果不吻合是因为时间的错位。但如果将彼世也算上，从长的时间段来看，因果完全吻合。

我创业40多年了。从京瓷成立到今天，如果从三四十年长的时间段看来，我身边的人们有的过得浑浑噩噩，有的却思善行善，度过了美好的人生。如果只看5年、10年，或许还有恶人得意、懒人获利的现象，但从三四十年长的时间段来看，一个人的因果大致吻合。有人或许侥幸成功，但持续不了三四十年。那些年纪轻轻就出人头地、穷奢极侈的人，好景不会长，不过10年就纷纷走向破灭。这是显而易见的。

然而，在人生中，10年不可谓不长。更何况，在旁人眼中，10年看似短暂，但对沉浸于其中的本人而言，10年是一段非常长的时间。在他人看来，做那种事很快就会倒霉的，但本人却浑然不觉，依然一面沉湎于"穷奢极侈"之中，一面一步步走向破灭。因此，命运与因果报应法则交织而成的人生须从长时间方能显其庐山真面目。

塑造人生的"命运"与"因果报应法则"

如何处理眼前发生的事

既然人生取决于命运与因果报应法则，那么我们就应当每天正面直视由这两者交织而成的人生。此时，我们采取何种态度变得至关重要。

我们眼前的人生是由命运与因果报应法则交织而成的，释迦牟尼佛祖称为"诸行无常"。眼前发生的一切都是无常的、千变万化的。正感到幸运时却飞来横祸，正以为健康时却患上大病——人生就是如此大起大落、诸行无常。正因为无常所以痛苦。换言之，释迦牟尼佛祖说人生不是恒久不变的，而是跌宕起伏的，所以人生皆苦，活着就是受苦。我们眼前呈现的，就是由如此跌宕起伏、变幻莫测的命运与因果报应法则构成的人生。

此时，我们应该如何思考？以何种态度应对？人可能飞来横祸，企业也可能因为好运而兴旺起来。不管遇到哪种情况,"活着就要感恩"。即使遭受痛苦、遇到灾难,"感恩"也十分重要。

在遭受灾难时还要感恩,人们往往难以做到。人一遇到灾难,很容易心生怨恨——"为什么只有我这么倒霉""为什么偏偏是我患上癌症",很难对降临给我们灾难的自然或神灵表示感恩。但是,不管遇到怎样的命运,我们都不能叹息埋怨、堕落愚痴,而应该保持乐观开朗,一心一意地努力继续前进,然后,每天"要谦虚不要骄傲""努力再努力""心怀感恩之念"。我们应以这样的心态面对人生,这一点十分重要。

相反,在遇到好事时,人们本应感恩,但事实并非如此。越是遇到好事,越是对自己的好运心安理得,认为全凭自己努力好学、勤奋拼搏,事业的成功是理所当然的。不,这一点成功还远远不够,自己应该可以更幸福、更富有、更名声显赫。人在得到幸运眷顾时，本应在心怀感谢之余，以"不可独得幸福"的心态，尽可能将幸福与身边的人分享，但事实上人们并没有这种想法。人类的欲望是无止境的，欲望只会不断膨胀——悲哀的是，这就是人的本性。

人生本来取决于命运。但为了度过美好人生，我们不能顺从命运的摆布，而应该思善行善，这是改变命运最好的办法。无论遭遇何种灾难，无论受到何种幸运的青睐，我们都要心怀感恩，不骄不躁，乐观开朗、努力认真地活下去，这一点至关重要。这就是度过美好人生的秘诀。

任何时代都应该记住"骄傲的平家不长久"

如今经济不景气，环境恶劣，当自己的企业陷入苦苦挣扎的窘境之中时，人很难生出感恩之念。这样一来，人们往往容易怨恨政府和社会，盼望政府有相应的对策，倾向于向外寻求帮助，而不是依靠自身努力。然而，现在采取的一切做法和态度，决定了人们未来的人生。

特别在企事业领域，那些第二次世界大战后为日本经济鞠躬尽瘁的人，如本田技研工业的本田宗一郎先生、索尼的井深大先生和盛田昭夫先生、松下电器产业的松下幸之助先生等自不必说，随着华歌尔的塚本幸一先生等优秀企业创始人的接连去世，像我这样的创业者越来越少。而在这个过程中，不少曾经开创了辉煌事业、受人尊敬的优秀经营者在晚年却走向没落，这样的新闻在报纸上时有报道。每当看到这些报道，我就感到无比心痛。

或许，这些经营者在人生取得辉煌成功时，并不懂得采取怎样的心态来处理、应对眼前的现象；或许，他们陶醉于成功之中，得意忘形，迷失自我，穷奢极欲，结果走向没落。

塑造人生的"命运"与"因果报应法则"

这不是现代才有的现象。儿时常听一句老话:"骄傲的平家不长久。"古时候的平家一族极尽穷奢极欲之所能,傲慢自大,结果如昙花一现,转瞬间没落。历史早有教训,只是人们忘记了而已。人生宝贵,只有一回,本应珍惜,好好度过,却因为忘了"谦虚、感恩",而陷入悲惨的状况。看到他们,我感到十分心痛。

人无论遭遇怎样的灾祸,无论获得怎样的幸运,都应该保持谦虚和感恩的心态,乐观积极地活着,仅此而已。人们本应谨记这一道理,却在遭遇灾难或好运加身时,瞬间将之抛在脑后,放纵自我,随心所欲。这就是人。

我在盛和塾时常对大家讲这些道理,是不希望大家走上错误的人生道路。我们经营事业,对员工、客户和股东负有责任,因此必须竭尽全力,决不允许事业失败。一旦我们的人生失败,不只意味着自己个人的失败，还会给员工、股东和客户带来不幸。经营者的人生不只属于自己。为此，我们在经营事业的过程中，在漫漫人生中必须塑造自我。我在盛和塾所讲的一切，皆出于我"通过事业提高人性乃重中之重"的思想。

然而，一旦事业进展顺利，我们往往就会得意忘形，玩物丧志，结果使公司走向倒闭。但还有许多人因此痛定思痛，重整旗鼓，结果取得了今天的成就。换言之，我们往往发现，事业的成功失败全在于自己的一念之间。

正因为如此，松下幸之助也好，我的前半生也好，都不辞劳苦，坚持不懈，不嫉不恨、心存感恩，同时乐观开朗，积极奋进。对于这样的人，光明的未来必然会向他微笑。即使成功也不自高自大，更不会陷入自私自利等歪心邪念的人，其成功方能持久。

经营者必须极度认真地对待人生

在两三天前,有一位曾经大获成功的年轻优秀企业家在一个活动中正好坐在我的旁边。我问他:"你情况怎么样?"他说:"一塌糊涂,如今濒临破产,股票价格从以前的5000日元掉到了100日元。我打算从零开始,从头再拼搏一次。"

因为在开会,我没办法跟他长聊,但我还是对他说了下面的一番话:

"你很年轻就获得成功,企业也上市了。在你兴奋无比时,我曾经忠告过你,'经营不是那样的,你要更认真一点'。你当时不以为然,认为'我没问题',但身为一个经营者,有'只要成功就可以开始享受人生'的想法是错误的。

"身为经营者,越成功越不能游戏人生。为了把成功保持下去,必须更加严肃认真。如果没有这种甘于吃苦的、认真的经营者,员工不可能幸福,股东和客户也不可能幸福。相反,那些游戏人生的经营者往往会给身边的人带来不幸。"

只要经营成功,自己就可以快乐地享福,度过愉快的一生——这种想法无疑是错误的,这不是经营者应有的表现。越是成功,越要忍辱负重,极度认真地度过人生——这是经营者背负的宿命。如果经营者没有这种极度认真的态度,企业就无法发展,也不会给身边的人带来幸福。

人生变化莫测,吉凶难料,包括自己和家人的健康问题在内,我们不知道在前方等待着的是什么。经济环境也一样,我想经济环境还将日渐恶化。在这样的环境之中,有的企业经营一帆风顺,有的受到经济不景气的冲击,在逆境中挣扎、呻吟。然而,无论遇到多大的困难,大家都应当保持开朗、感恩的心态,继续努力。同时,如果在经济不景气的环境中获得成功，则应该仔细思考只有自己获得成功的原因。即便受到幸运的青睐，也不可陶醉其中，而要感谢自己的好运。而且，自己越幸福，越要将所受的恩惠与周围人分享，抱着利他之心度过人生。这样一来，今后美好人生也会向大家敞开大门。而且，我也觉得我们必须这么做。

为何善有善报

虽然我们说过世间有"思善行善得善果"的因果报应法则，但为何思善行善就会得善果呢？针对这个疑问，我过去曾以宇宙形成这一科学过程为例，做过下面的阐述。

现今辽阔的宇宙是由一小撮温度、密度超高的基本粒子爆炸而成。现在，宇宙仍然在持续膨胀，这已经成为现代宇宙物理学的定论。宇宙的形成起源于基本粒子在大爆炸及持续膨胀的过程中的相互结合。

物质中最小的原子是氢原子,其构造如下:在原子核外侧环绕着一个电子。原子核一般由质子、中子和介子构成,质子与中子通过介子的力量结合成为原子核,但无论是质子、中子还是介子,都由若干基本粒子结合而成。这就是说,基本粒子互相结合,形成了质子、中子和介子,而质子、中子和介子又构成了氢原子核,然后氢原子核捕捉到一个电子,于是氢原子诞生了。

例如,太阳就是一团氢气,与氢弹一样,由于氢的核聚变,太阳才能拥有那么庞大的能量,持续保持燃烧状态。宇宙最初形成的就是氢原子,氢原子不断发生核聚变反应,才依次变为氦之类的重原子,然后发展为我们所学的元素周期表中的110多种原子。

接着,原子相互结合形成分子,分子相互结合成高分子,接着其中产生DNA,于是原始生命诞生了。这些生命不断进化,最后人类诞生。

宇宙的起源就是基本粒子。打破原子后形成的最终物质唯有基本粒子,但这些基本粒子借由大爆炸结合为质子、中子和介子,再构成原子核;然后捕捉电子,产生氢原子;氢原子又通过核聚变变成较重的原子;如此反复循环,持续制造更多的重原子。原子反复结合形成分子、高分子,如此形成了包括人类这一万物灵长在内的宇宙。换言之,宇宙间存在一种能推动基本粒子、原子等无生命体不断进化发展的法则,若用拟人的说法,就是宇宙存在意志。

宇宙原本就是一堆基本粒子,本可以保持基本粒子的形态,但它却没有将它们置之于一边不予理睬。宇宙中充满了一种"气",这种"气"使基本粒子不断进化,由此创造出世间森罗万象,并促使它们不断向好的方向发展。因此,才能从无生有,从无生物中创造有机物,也就是创造出生命,甚至创造出人类。

宇宙中有一股浩然之"气",它关爱万物,使万物生长发展。一些宗教家用"宇宙间遍布着爱"来形容这种现象。有人说,宇宙间充满了神灵的大爱,它对万物充满慈悲,推动着万物向上发展,这种说法并非虚构。"气"也好、"意志"也好,"法则"也好,只是说法上的不同,事实上宇宙的确存在这种力量。

这就是说,宇宙中流淌着一股推动万物向上发展的"气"。虽然冥冥间存在着一股推动天地万物生长发展的"气",却没有分毫"只顾自己好"的"气"。

另一方面,我们的思想、心愿也是"气"。当人们拥有"让所有事物变得更美好"这一善念时,这种愿望,也就是"气",就开始与宇宙的洪流同步,因此必将获得善果。为了让自己发展,不惜贬低他人,拖别人的后腿——宇宙并不存在这种"气"。这种由不正之气而产生的行为可以说是逆行倒施,违背宇宙洪流,结果必将失败。

正因为宇宙间流淌着这么一种使万物幸福、推动万物向好的方向发展的"气",因此"思善行善得善果"的因果报应法则才得以成立。这一法则拥有强大的力量,甚至能改变人天生的命运。正因为这个原因,我们在人生中每一刻的所思所想、一言一行都至关重要。

人生的目的是"提高心性"

因果报应法则的成立是因为宇宙间流淌着促使万物向好的方向发展的"气",那么下一个问题是:人活着的目的是什么?

我们聚集在盛和塾中,是为了通过出色的经营使员工、股东和合作伙伴获得幸福,同时也使自己活得更精彩。我也是个创业者,为了企业的发展壮大一直在不懈努力。只要事业有了大发展,员工无论在物质还是精神方面都能幸福满满,还能为人类社会的进步发展做贡献——我一直怀着这种想法奋斗。但仔细想来,人生的目的是砥砺人格,使之变得优秀。正因为对此有深刻的体会,所以在盛和塾刚成立时,我就将其目的定位为"提高心性,拓展经营"。

这里的"提高心性"其实就是人生目的,理由有两个。以前我对大家讲过关于准备迎接死亡的阶段。在出社会之前,人需要准备20年。20岁踏入社会之后,拼命工作,为社会做贡献40年,于60岁退休。假如一个人的寿命是80岁的话,那么60~80岁的20年是准备迎接死亡的阶段。这就是说,迎接人生开始的准备时间是20年,而迎接死亡的准备时间也需要20年。

这里所说的"迎接死亡的准备"并不是"做好心理准备迎接死亡"的意思。我认为死亡是灵魂旅程的起点,死亡就是灵魂抛下这个世界的肉体,向那个世界启程。因此,为了让灵魂开始新的旅程,人需要准备20年。在这段时间,人应该提高心性,磨炼心灵,使灵魂在迎接死亡时,尽可能比出生时更高尚。

换言之,人生就是一个反复修行的过程。我们通过事业及生活,或遭遇灾难,或获得好运,或遭受苦难,或烦恼不堪,在种种人生历练中不断提高人格。这就是说,我们在努力生存的过程中不断使灵魂得到磨炼,使之在死亡时,比出生时美好一点点。这就是人生的目的,除此之外别无他物。

我为了什么而生于人世?我创立了京瓷,使之发展壮大;我还创立了第二电电,做出过不少成绩。这或许值得骄傲,但在我看来,比它重要得多的是,在死去时,我的灵魂是否能比来到这个世界时更美好,即是否拥有美好的灵魂和心灵,灵魂是否比出生时变得更加纯净美好,这才是人生的目的。

这并不是仅仅是为了迎接死亡。人生在世，无论遇到灾祸还是好运，都应该保持开朗、感恩之心，都不可因此滋生怨恨、嫉妒之类的不良思想，而应该以美好之心坦然面对，如此人生必将有更光明、更广阔的未来。当我们在人生中遇到灾难或幸运，应该采取何种心态？应该如何面对？如果要正确面对，就必须磨炼自己的心性。

然而，有的人不磨炼心性也取得了成功，但这些人往往在老年时陷入悲惨的境地。这样的事我们已屡见不鲜。例如，有的人年轻时创业成功，很快陶醉其中，不到四五十岁就开始走向没落，从功成名就的云端一下跌至穷困潦倒的境地，任谁也难以忍受。因此，这种人往往无视自身的失败，将责任归结在旁人身上。如此形成恶性循环，使人生变得更加凄凉悲惨。

为了度过光明美好的人生，就必须拥有高尚的人格。为此,从现在开始为时未晚,如果想度过美好的人生,就需要尽早磨炼心性。

自然或神灵总是不断地给我们带来各种考验,如痛苦、灾难和幸运等。神灵在看着我们是否能以这些苦难、灾难、幸运为力量之源,不断磨炼自己的心性。因此,通过考验,磨砺自身极为重要。

我一边给大家讲述这些道理,一边也在努力磨炼自身的灵魂和心灵。而且,如果通过我讲的道理,大家能得到更多磨炼,灵魂变得更美好,那么你就能度过精彩的人生。正因为衷心希望彼此都能有这样美好的收获,所以我才在盛和塾上倾注自己的力量。

我反复强调,人生的目的是提高心性,磨炼心灵。在离开人世时,灵魂能比来到这个世界时变得更加美好。其实,释迦牟尼佛祖的理想或许就是让人们带着美好的灵魂离开世界,但充满烦恼和欲望的人类不可能使灵魂达到如此美好的境界。正因为人生苦短,我们才应在死时使灵魂变得更美好,磨炼得更纯粹。只要坚定这个决心,人生自不必说,事业也没有理由发展不顺。无论经济环境多么恶劣,我们也一定要克服困难,将企业建设得更美好。这就是我的想法。

要　点

人生是怎样形成的?如果不理解其本质,就会被眼前的现象迷惑,对整个人生的大方向判断错误。

○

只有理解了人生中命运的森然存在,才能走上正确的人生道路。出生时,我们就拥有各自的命运——当我们这么想时,才更容易正确度过人生。

○

塑造人生的"命运"与"因果报应法则"

人类有命运,国家有命运,地区有命运,家庭也有命运,我们个人的命运就在这些大的命运之中浮沉。个人命运是构成人生的"经线",而"种善因得善果,种恶因得恶果"这一简单明了的因果报应法则则构成了人生的"纬线"。

○

人生由命运与因果报应法则构成。相比命运,因果报应法则的力量更加强大,对人生有更大的影响。这就意味着命运能够由于因果报应法则的作用而改变。

○

思善行善不一定立刻呈现出结果。然而,在人生中,有的人能够通过高尚的思想和行为摆脱命中注定的危机,事业也能顺利发展。无论是对于人生还是经营,因果报应法则都至关重要。

○

命运与因果报应法则交织而成的人生,需要以长时间来观察,否则就无法看清其庐山真面目。

○

人生诸行无常,波澜万丈。变化莫测的命运与因果报应法则交叠形成了我们的人生。无论受到幸运眷顾,还是蒙受灾难、痛苦,都必须牢记"活着就要感恩",这一点十分重要。

○

当人们遭受灾难时,很难有感恩之心,这是理所当然的。然而,不管遇到怎样的命运,也不要唉声叹气,更不要堕落不甘,而应该乐观开朗,一心一意地努力前行。"要谦虚不要骄傲""努力再努力""每日保持感恩"——在人生中保持这些心态,这十分重要。

塑造人生的"命运"与"因果报应法则"

○

要想度过美好人生,不应该随波逐流,顺从命运的摆布,而应该努力思善行善。无论是遭受灾难还是获得幸运的青睐,都必须保持感恩,不可骄傲自大,而要以认真、开朗的态度拼命奋斗,这是最重要的,也是度过美好人生的秘诀。

○

经营者从事事业,对员工、顾客和股东负有责任。经营者的人生如果行差踏错,不仅个人受影响,还会给员工、股东和客户带来不幸。经营者肩负的不是自己一个人的人生,正因为如此,才更要通过工作塑造自我。

○

不畏艰辛,坚忍不拔,不嫉妒,不怨恨,心怀感恩,保持乐观开朗,拼命努力——光明的未来必将向这样的人展颜微笑。如果稍有成功便自高自大,并陷入"自己好就好"之类歪心邪念的人,其成功必不会长久。

○

经营者越成功,就必须活得越严肃认真,这是经营者的宿命。否则,企业就无法发展,也无法使身边的人变得更好。

○

无论遇到什么困难,都要保持开朗、感恩之心,持续努力下去。如果受到幸运的眷顾,也不应该陶醉其中,而要表示感恩。自己越幸福,就越应该将所受的恩惠与身边的众人分享,怀着利他之心迈向人生。这样一来,才能开拓美好人生。

○

宇宙由基本粒子、原子之类的无生物进化发展而成,这一法则用拟人法形容,就是宇宙的意志。

塑造人生的"命运"与"因果报应法则"

○

宇宙间流淌着推动万物良性发展的"气"。世间虽然存在促使森罗万象生长发展的浩然之"气",却不存在一丝半点"只顾自己好"的"气"。我们的思想、心愿也是"气"。当人们心怀善念,希望所有人变得更美好,世间万物变得更美好时,这种心愿,也就是气就开始与宇宙洪流同步,由此获得善果。

○

宇宙间流淌着让万物幸福、让万物向好的方向发展的"气",因此形成了"思善行善得善果"这一因果报应法则。这一法则拥有着改变人天生命运的力量。正因为如此,人生每时每刻的所思所想、一言一行都会产生极其重要的影响。

○

人生就是一个反复修行的过程。换言之,我们通过事业及生活，或遭受灾难，或获得好运，或遭遇痛苦，或饱尝苦恼。我们应在如此拼命生存的历练中不断提高人格。在努力生存的过程中不断磨炼灵魂，使灵魂在死时比出生时变得更美好一点点。这才是人生的目的。

最新版

"日本经营之圣"稻盛和夫经营学系列

任正非、张瑞敏、孙正义、俞敏洪、陈春花、杨国安 联袂推荐

序号	书号	书名	作者
1	9787111635574	干法	【日】稻盛和夫
2	9787111590095	干法(口袋版)	【日】稻盛和夫
3	9787111599531	干法(图解版)	【日】稻盛和夫
4	9787111498247	干法(精装)	【日】稻盛和夫
5	9787111470250	领导者的资质	【日】稻盛和夫
6	9787111634386	领导者的资质(口袋版)	【日】稻盛和夫
7	9787111502197	阿米巴经营(实战篇)	【日】森田直行
8	9787111489146	调动员工积极性的七个关键	【日】稻盛和夫
9	9787111546382	敬天爱人:从零开始的挑战	【日】稻盛和夫
10	9787111542964	匠人匠心:愚直的坚持	【日】稻盛和夫 山中伸弥
11	9787111572121	稻盛和夫谈经营:创造高收益与商业拓展	【日】稻盛和夫
12	9787111572138	稻盛和夫谈经营:人才培养与企业传承	【日】稻盛和夫
13	9787111590934	稻盛和夫经营学	【日】稻盛和夫
14	9787111631576	稻盛和夫经营学(口袋版)	【日】稻盛和夫
15	9787111596363	稻盛和夫哲学精要	【日】稻盛和夫
16	9787111593034	稻盛哲学为什么激励人:擅用脑科学,带出好团队	【日】岩崎一郎
17	9787111510215	拯救人类的哲学	【日】稻盛和夫 梅原猛
18	9787111642619	六项精进实践	【日】村田忠嗣
19	9787111616856	经营十二条实践	【日】村田忠嗣
20	9787111679622	会计七原则实践	【日】村田忠嗣
21	9787111666547	信任员工:用爱经营,构筑信赖的伙伴关系	【日】宫田博文
22	9787111639992	与万物共生:低碳社会的发展观	【日】稻盛和夫
23	9787111660767	与自然和谐:低碳社会的环境观	【日】稻盛和夫
24	9787111705710	稻盛和夫如是说	【日】稻盛和夫
25	9787111718208	哲学之刀:稻盛和夫笔下的"新日本 新经营"	【日】稻盛和夫

"日本经营之圣"稻盛和夫经营实录
（共6卷）
跨越世纪的演讲实录，见证经营之圣的成功之路

书号	书名	作者
9787111570790	赌在技术开发上	【日】稻盛和夫
9787111570165	利他的经营哲学	【日】稻盛和夫
9787111570813	企业成长战略	【日】稻盛和夫
9787111593256	卓越企业的经营手法	【日】稻盛和夫
9787111591849	企业家精神	【日】稻盛和夫
9787111592389	企业经营的真谛	【日】稻盛和夫